LOS NIÑOS DE LA NUEVA ERA

Y MI CONEXIÓN EN UN MUNDO DE CONTINUA TRANSFORMACIÓN

Mónica Delgado

DEDICATORIA

Dedico mi libro a todos esos niños que se han sentido fuera de lugar, etiquetados o diferentes y a aquellos padres que se sienten frustrados o confundidos en las maneras de cómo guiar a sus hijos.

Pero, en especial, dedico mi libro a mis hijos y a mi familia, esperando que sus hijos y todos mis sucesores, puedan utilizarlo como inspiración y que conozcan un poco de las líneas ancestrales que yo represento, para que les ayude a descifrar sus propios caminos en la tierra.

AGRADECIMIENTOS

Agradezco mucho la colaboración que mi Coach de Escritura tuvo en el proceso para realizar este libro, además de mi familia y todas las personas vivas y sin cuerpo, como entidades y seres que me han ayudado a entender todo lo que voy a compartirte.

Contenido

PRÓLOGO

Sensibilidad, alegría, inquietud por saber más y empatía. Eso es lo que, para mí, define a la autora de este libro, digna representante de Los Niños de la Nueva Era.

Conocí a Mónica a través de una red social, en la que me contactó porque sentía la necesidad de cumplir con un sueño postergado. Ella deseaba escribir un libro sobre sus experiencias de vida, tan especiales como lo es ella misma y, por supuesto, compartir ese cúmulo de conocimientos que fue adquiriendo al pasar de los años, gracias a su constante curiosidad por saber más y más.

Al principio, al menos así lo sentí yo, nuestra relación era muy buena, cordial, alegre, pero un tanto rígida, quizás porque aún no lográbamos romper alguna barrera que hubiera entre ambas, pero... Con el correr de nuestros encuentros, la energía comenzó a emerger de una manera casi mágica. Fue ahí, cuando conocí a la Mónica sin barreras, alegre, risueña y dispuesta a compartir contigo, en este libro, todo lo que pudiera, a fin de ayudarte a mejorar tu vida.

Por mi parte, reconozco que hay párrafos que provocaron mi llanto sensible y otros que me han sorprendido gratamente, mientras intento ponerme en la piel de esta Niña de la Nueva Era, que desea llegar al fondo de cada una de las intensas experiencias que la acompañan en su diario vivir.

Sus historias son impactantes, pero más impactante aún, resulta su forma de contarlas, con total naturalidad, sin miedo al qué dirán, pues eso es algo que ha logrado superar con mucho esfuerzo y dedicación. De eso tienen que tomar ejemplo otros Niños de la Nueva Era que no son escuchados y prefieren callar cuando desean compartir lo que han sentido o visto, por miedo a que no les crean.

Tomen los padres de estos Niños el ejemplo de Mónica, como persona y como madre, a fin de ayudar a sus hijos a manifestarse y a brillar como los Seres de Luz que son.

¡Gracias, Mónica, por esta inyección de adrenalina y valentía que nos transmites en estas páginas!

Débora Weller
Coach de Escritura

INTRODUCCIÓN

Comencé este libro en el 2012, pero abandoné el proyecto de escribir, porque sentí que me hacía falta experimentar más, antes de poder transmitir el mensaje que quería compartir.

En el 2022, lo he retomado y es ahora cuando, al verlo casi terminado, me he dado cuenta de lo importante que fue esperar hasta este momento, debido a que tal y como el proceso de escritura de este libro, ha sido mi vida, por eso es tan significativo para mí. Espero que encuentres en estas líneas algo que te retroalimente y sea de provecho para tu diario vivir.

Yo, como muchos otros, soy parte de una generación de seres que hemos emprendido una jornada para romper estigmas, viniendo a experimentar procesos antes que otros.

Mi objetivo al escribir este libro, es que pueda servir como una guía a toda persona, hijos o padres de familia, que en estos momentos sufren de ansiedad, se sienten desconectados, aislados o enfermos, al no entender sus emociones o condiciones físicas o psicológicas; o quizá están tan perdidos o desconectados con sus propósitos, que buscan respuestas que no han podido descifrar. Ojalá que estas palabras les ayuden a entender lo que les pasa a ellos, a algún ser querido o cercano.

Gracias a varios seres que se han atravesado en mi camino, he recordado la razón por la cual vine a esta tierra. Este libro es para ayudar a recordar que estamos despertando de un gran sueño por el que hemos estado pasando como humanidad. Y para despertar, debemos entender que ya hay seres muy despiertos (con una consciencia abierta) a los que les es difícil adaptarse a las normas preestablecidas por nuestra humanidad dormida. La finalidad de estos seres que ya han despertado es la de vivir, experimentar y servir de guías en la tierra.

Al referirme a despertar, hablo de un despertar a una nueva era, despertar a las nuevas formas que se están estableciendo tras las oscuras creencias de miles y miles de años de estigmas ya caducos. Me refiero a despertar la consciencia de la humanidad a un mundo que puede ser creado con formas nuevas de vivir y convivir con los demás.

A grandes rasgos, en este libro, relato algunos temas que a lo largo de mi vida consideré problemas y los cuales ahora entiendo, han sido oportunidades para mí, que me han guiado a lo que ahora he llamado "El camino a mi Ser Original Integrado".

Por otro lado, la alimentación como medio de desconexión con la realidad, es algo que ha tenido un gran papel en mis cambios, por lo que he decidido exponer algo de eso también. Entre más comamos alimentos que han pasado por procesos largos de preparación, menos podremos percibir lo que existe más allá de nuestras fronteras mentales y programas preestablecidos, además de generarnos enfermedades o malestares innecesarios.

Algo íntimamente ligado con la alimentación hoy día, son ciertas condiciones establecidas como enfermedades autoinmunes, fibromialgia, hipo/hipertiroidismo. Aquí hablo de ellas y de cómo yo misma las viví.

Finalmente, y al ir descubriendo paso a paso procesos y experiencias, aprendiendo a comer mejor, limpiando tanto mi cuerpo físico como mi cuerpo espiritual, he ido descubriendo un mundo diferente que estaba a mi alrededor, pero que se ha presentado en varias etapas, en las cuales comprendí que era el mismo mundo en el que he venido viviendo, solo que yo he sido la que ha cambiado, pasando de un estado de intoxicación a uno meditativo, aislado, de búsqueda y de análisis constantes y, de lo que fue más importante, de limpieza permanente a todos sus niveles.

Me encontré tratando de poner todo eso junto para compartir mi experiencia, pero descubrí que me faltaba experimentar algo que era muy muy importante para mi propio desarrollo.

Por eso, me dediqué, en los diez años siguientes, a evolucionar, a ensayar los procesos físicos y a aterrizar todas mis sensaciones para poder, al fin, expresar mi experiencia, la que estoy disfrutando tanto, como es la integración de mis vivencias espirituales y físicas, para así darme cuenta de que era de extrema importancia, no solo la experimentación de todos estos procesos, sino la realización y consciencia de lo que significaban y como me han ido transformando poco a poco, hasta llegar a lo que soy hoy por hoy.

Por eso, aquí te dejo mi mensaje que quiero transmitirte y al mundo entero:

> *"Eres una chispa divina,*
> *conecta desde el corazón*
> *hacia el centro de la tierra y del Universo.*
> *Usa tu voz para crear tu realidad,*
> *manifestándola*
> *con todo lo que existe a tu alrededor"*
>
> *Mónica Delgado*

Eres un ser único, formas parte del Universo y una manera de encontrar tu ser original, es desde tu conexión con todo lo que existe.

Esta conexión parte de tu chispa divina localizada tres dedos debajo de tu ombligo, justo en el centro geográfico de tu cuerpo, centro que te une a la tierra y sube a tu corazón, pasando por tu cabeza, tu coronilla hasta llegar al centro de todos los universos existentes.

Tú eres el pivote de tu propio universo, estás unido a la tierra desde tu luz interior que es generada por tu chispa divina, iluminando todo tu cuerpo físico. Varios metros a tu alrededor, te encuentras dentro de una burbuja de luz que se conecta desde tu centro hacia la tierra y hacia el universo entero formando un prisma de luz.

Tu centro está iluminado por tu chispa divina de la que salen líneas de luz que corren por tus pies hasta llegar al centro de la tierra.

Desde tu centro, salen también líneas de luz que pasan por tu corazón generando imágenes geométricas que se convierten en todo lo que creas en esta realidad. El mensaje que sale de tu boca es el sonido que impacta y transforma tu realidad.

Las líneas de luz siguen su curso por tu cabeza y se conectan a nuestro sol y a todos los soles existentes en el Universo, hasta llegar al centro de todos los Universos y al Sol Central Universal, que es el pivote de todo lo que existe donde rotan, a su alrededor, el resto de los universos y planetas.

Por eso, cuida de tu conexión, cuida de tu centro, cuida de tu voz. Porque todo aquello que sale de tu voz, o crea o destruye. Todo aquello que pasa por tu centro, o crea o destruye. Todo aquello que pasa por tu conexión, o crea o destruye. Depende de ti si quieres construir o destruir.

Eres muy importante para la creación Universal de la que formas parte, porque sin ti, el Universo no sería el mismo.

Espero disfrutes mucho de leer estas líneas tal como yo lo hice al escribirlas.

Mónica Delgado

CAPÍTULO 1

ENTENDIENDO A LOS NIÑOS DE LA NUEVA ERA

Mi nombre es Mónica Marcela. Nací en San Luis Potosí, México, donde la mayoría de mi familia se encontraba.

Sin embargo, por motivos de trabajo de mi padre, nos mudamos a la Ciudad de Aguascalientes, donde viví casi toda mi vida. También puedo considerar a Guanajuato, MX. y a Querétaro, MX. como otros lugares que me dieron una linda bienvenida por varios años y donde todavía se encuentran algunos amigos que estimo mucho.

Años después, debido a cambios en el trabajo de mi esposo, me mudé a Florida, Estados Unidos, lugar que me ha servido de aislamiento y de cuna de mi reconexión y descubrimiento, al que antes llamaba despertar de la consciencia, pero con el paso del tiempo, he llegado a la realización de que me faltaba experimentar en cuerpo y alma más experiencias de vida.

Te preguntarás por qué le he llamado a este libro, "Los niños de la nueva era" y por qué enfatizo tanto en este tema.

Hoy en día se habla demasiado acerca de padecimientos y enfermedades, que han sido clasificados y reclasificados al punto de que es normal que toda la gente tenga algún padecimiento, yo les llamo etiquetas y programación que los adultos generalmente hacemos hacia los niños, inconscientemente.

Algunas de la etiquetas usadas últimamente son: Déficit de Atención, Autismo, Distracción, Hiperactividad, Nerviosismo, Depresión, Ansiedad, Niños con características especiales, entre muchas otras.

Alrededor del año 1950, comenzaron a nacer los "Niños de la Nueva Era" y, considerando que ya han pasado más de sesenta años de los primeros nacimientos, podemos pensar o inferir acerca de la alta probabilidad de que la mayoría de los que nacen hoy en día, ya estén despiertos y alertas al Nuevo Mundo que se avecina.

¿Cómo comencé mi camino en la tierra?

Te puedo decir que recuerdo perfectamente lo que se siente estar en el útero de mi madre.

¡Es una sensación indescriptible!

Se trata de algunos de los momentos más bellos y más placenteros, si no es que el más placentero de mi existencia en esta tierra.

Desde ese instante y desde que nací en esta encarnación, una de mis características fue sonreír. Amo reír y sonreír.

Independientemente de mis vivencias, experiencias y aprendizajes a lo largo de mi vida, me considero una persona feliz y amorosa.

Tengo recuerdos muy claros de mi niñez, como una niña adaptable a cualquier situación o persona, con excepción al desprendimiento de mis seres amados, como mis padres o familia cercana. No obstante, desde pequeña fui "etiquetada" por personas cercanas, como la niña "llorona", la "distraída", "no tan lista", la "gorda", la "enojona", la "nerviosa", etc.

A la edad de un año, por intransigencias de un médico, se me suministró un medicamento inadecuado y mis órganos internos sufrieron una intoxicación mayor, estando a punto casi de morir. Al paso del tiempo, esa intoxicación me causó una enfermedad conocida como Tiroiditis Crónica o Hashimoto, Enfermedad Autoinmune Tiroidea, que no descubrí tener hasta mi segundo embarazo, a la edad de treinta y tres años.

En el intervalo de un año hasta los treinta, fui una persona rebelde, peleando siempre contra los controles sociales, la ignorancia y las injusticias, razón por la cual terminé estudiando Leyes en la Ciudad de Aguascalientes, México.

Al terminar la Carrera de Derecho, busqué aprendizajes suplementarios. Fue así como estudié una Maestría en Administración de Empresas con especialidades en Recursos Humanos, Mercadotecnia, Finanzas y Planeación Estratégica.

En ese tiempo, una necesidad de conocerme a mí misma me llevó a tomar clases de Yoga y Meditación, por lo que pronto encontré un Centro de Yoga en mi ciudad, donde me inicié como Yogui, comenzando mis prácticas. Esto significó un paréntesis en mi vida, ya que mi perspectiva del mundo no cambió mucho hasta años más adelante.

Una vez que contaba con más herramientas para realizar algo diferente a Derecho, empecé ejerciendo en el área de Recursos Humanos, junto a una serie de trabajos y eventos que me internaron más y más en la Administración.

Algo que siempre me gustó, fue la docencia y la capacitación, por lo que también daba cursos motivacionales y de administración, pudiendo ejercer como Suplente de Maestra y luego como Maestra en una Universidad.

Sin embargo, en ese tiempo, a mi esposo le ofrecieron un trabajo en Estados Unidos y decidimos comenzar una nueva vida en ese otro país, por lo que nos mudamos a Florida.

Los primeros cinco años allí, me dediqué a mi familia y a realizar trabajos voluntarios en organizaciones sin fines de lucro que ayudaban a niños y a mujeres.

En ese lapso, comencé a luchar más por mantener mi peso y en esa misma época planeamos tener a mi segundo hijo. Fue durante ese segundo embarazo, que se me detectó la enfermedad autoinmune llamada Tiroiditis Crónica o Hashimoto, situación que me hizo entender muchos de mis altibajos emocionales y físicos, pero no todos.

Con la enfermedad al borde y mi peso en doscientas veinte libras (casi cien kilos), mi autoestima y mi cuerpo estaban devastados. A pesar de investigaciones, lecturas, cambios de médicos, horas en el gimnasio y dietas que no mantenía más de un mes al sentirme sin energía, no veía cambios significativos externos y mucho menos internos.

Sin embargo, algo sucedió que cambió toda mi perspectiva: al aumentar a cuatro miembros en la familia, decidimos que era tiempo de comprar una casa en Estados Unidos.

Encontramos una muy bella y espaciosa, aunque yo no me imaginaba lo que viviría y lo que el Universo traería para mí en ese nuevo hogar, algo que te contaré más adelante. Por lo pronto, seguimos con los Niños de la Nueva Era.

¿Quiénes son los niños de la nueva era?

Desde que comencé a leer a Matías de Stefano[1] y a temas del despertar de la consciencia, también empecé a descubrir más sobre lo que eran los Niños Índigo, Cristal y Arcoíris, entre otros, dándome cuenta de que no era solo el nombre lo que me llamaba a investigar, sino que más me había llamado la atención el darme cuenta de que existen y de qué siguen naciendo toda clase de niños, pues encontré muchos tipos y diferencias, por lo que decidí quedarme con el término "Niños de la Nueva Era".

De esa manera, entendí que tanto mis hijos como yo, somos de esa Nueva Generación de Niños y que, parte de mi responsabilidad en esta encarnación, es aprender cómo vivir balanceadamente y cómo guiarlos a ellos, debido a que, por ser seres tan sensibles y diferentes, somos incomprendidos dentro de los sistemas sociales y educativos rígidos.

La energía de la tierra se está modificando, pues ha evolucionado a un plano dimensional más elevado. Los niños actuales ya nacen con energías sutiles que los hacen vivir entendiendo al planeta y al resto de sus habitantes, formando parte de esta Generación de la Nueva Era.

---

[1] Nacido en Argentina, en agosto de 1987, se considera a sí mismo como un niño índigo y habla del despertar de la conciencia desde muy pequeño.

¿Qué quiere decir "nueva era"?

Que, en esta Nueva Era, ya no caben los métodos rigurosos de disciplina que nuestros padres o maestros nos enseñaron o nos trataron de enseñar. Quiere decir que debemos aprender nuevas formas de enseñanza y de entender a los seres humanos, al Planeta y a sus habitantes.

Al hablar de una Nueva Era, me refiero a que el Planeta entero **ESTÁ YA** en una Nueva Etapa y que estamos en la puerta de entrada de una época con experiencias inimaginables a los ojos y mente de cualquiera.

¿Por qué?

Porque, al hablar de una Nueva Era, tal y como la Historia nos menciona en la existencia de lo que se llamó El Renacimiento, que sucedió a lo largo de unos años cuando pasamos de una percepción oscura a una de luz y tecnología, podríamos decir que ahora, estamos viviendo un Nuevo Renacer como seres y el planeta junto a nosotros. Y si te preguntas:

- ¿Por qué hablo de Niños de la Nueva Era?

- ¿Qué tienen estos niños que los hace diferentes?

- ¿Por qué nacen así?

Te respondo de esta manera:

El campo electromagnético de la Tierra ha venido cambiando y las energías que son emitidas en todo el Planeta, son más sutiles. Así, los nuevos seres nacen ya en esa energía sutil, con la que sus sentidos se ven aumentados y más desarrollados, incremento que quizá no logramos entender como adultos con experiencias diferentes.

¿En qué me baso para dar estas afirmaciones?

Hay muchos estudios científicos que prueban cómo funciona el campo electromagnético de la Tierra.

Dentro de mis investigaciones, me encontré algunos artículos de Tim Thompson como "El Decaimiento del campo magnético de la Tierra", en el que menciona el libro "Origen y Destino del Campo Magnético de la Tierra" (*Origin and Destiny of the Earth's Magnetic Field) de Thomas G. Barnes*[2].

Lo importante aquí, es saber que existe la posibilidad de que tú o tu hijo, alumno, nieto o sobrino, se sienta inadaptado, deprimido o enfermo por todas esas etiquetas que nosotros o la misma sociedad le ha impuesto, por no comprender sus reacciones o actitudes. Pero, si ese niño está cerca de ti, la buena noticia es que ya hay más y más gente que habla de estos cambios y que está tomando acciones para modificar nuestros viejos y tradicionales métodos de enseñanza.

Por mi parte, propongo algunas recomendaciones que podemos implementar en casa o en las aulas de las escuelas.

Básicamente, hay que dejar ser al niño, darle material para que se exprese, que pueda pintar, escribir, dibujar, construir, explorar, cantar o bailar.

Debemos evitar imponer pensamientos o formas de hacer las cosas, para dejarlo hablar y expresarse, explicándole el respeto a otros y sus consecuencias. También, la importancia de escuchar los puntos de vista de los otros, además de que, estar de acuerdo en no estar de acuerdo, es muy válido.

Es importante que estos niños se sientan seguros para que puedan expresar todo lo que tienen dentro. Hay que cuidarlos, ya que son muy sensibles y, cuando digo cuidarlos, me refiero a tener en cuenta desde pequeños detalles, como la comida, hasta los ambientes o lugares en los que se encuentran con mucha gente o con mucho ruido.

---

[2] by Thomas G. Barnes, I.C.R. Technical Monograph No. 4, copyright July, 1973, by the Institute for Creation Research de Thomas G. Barnes, I.C.R.

La extrema sensibilidad en estos niños es una característica que la mayoría tiene, pudiendo ser tan sensibles a los sonidos, que no soportan estar en lugares con muchos ruidos o vibraciones, con frecuencias muy agudas o graves, ya que alteran sus cuerpos sutiles y afectan sus campos electromagnéticos o hasta su aura. Casi toda la música actual, los celulares o cualquier otro aparato electrónico, emite frecuencias modificadas manteniéndolos ansiosos o fuera de balance.

Mark Wolf, Guitarrista y Artista, expresó su opinión sobre las vibraciones del sonido y el cerebro, el 23 de febrero de 1998, en su artículo *"SOUND VIBRATIONS & THE BRAIN: NEW CONNECTIONS & PARADIGMS"*, en español: "VIBRACIONES DEL SONIDO Y EL CEREBRO: NUEVAS CONEXIONES Y PARADIGMAS".

"Este artículo se centra en dos tesis interconectadas: en primer lugar, que las vibraciones de los sonidos audibles juegan más de un papel en las funciones cerebrales y de hecho podrían ser directamente responsables de iniciar ciertos estados del cerebro y puede tornarse posible que a su vez puedan ser controladas o desencadenadas por las características de diversos fenómenos vibratorios (amplitud, magnitud, radios, parciales, timbres); en segundo lugar, la música, como sonido organizado, fue utilizada por antiguas civilizaciones para solo este propósito: como medio para dirigir las vibraciones a diferentes perceptivas y fisiológicos "centros" para fines de curación y para obtener estados superiores de conciencia. Es esta música, basada en las energías naturales y biológicas, mediante relaciones de intervalo en proporción natural o basado en una serie de armónicos, que era más probable que la base de sistemas musicales antes del 600 A.C.

Un cambio en la conciencia humana fundamental en este punto coincidió con un cambio de teoría musical, que tuvo consecuencias sociales, culturales, políticas y metafísicas. Por investigar estos hechos, podríamos desarrollar una comprensión más clara de cómo nuestro sistema musical llegó donde está hoy y cuáles son las posibilidades para el futuro...".

Con el solo hecho de interiorizarnos, si nos apartamos de las vibraciones del entorno, tal y como lo hacen los niños llamados Autistas y los de la Nueva Era, podremos captar y despertar todo lo que la Nueva Era trae consigo. Observa a los niños, ellos se alejan de las viejas vibraciones del Mundo y quizá también de las multitudes, evitan cierto tipo de música, les gusta mucho la naturaleza, además de generar sus propias vibraciones para poder fluir mejor en su existencia.

En cuanto a la nutrición, no es necesario sobrealimentarlos pensando que habrá desnutrición.

Algunos de estos niños son vegetarianos desde que nacen, por lo que no quieren comer carne. La mayoría no puede consumir harinas procesadas, incluyendo gluten, azúcares refinados, colores artificiales, comidas hidrogenadas o productos lácteos con hormonas. El exponerlos a sustancias que intoxican su cuerpo, los hace vulnerables y los enferma.

Por otro lado, debemos evitar que estén en contacto con algunas sustancias como el flúor o fluoruro en las pastas de dientes o en el agua, el plomo en las pinturas, el mercurio en el pescado, los insecticidas, los detergentes muy elaborados, además de eludir que jueguen con pilas o focos que contienen sustancias tóxicas o plásticos que intoxican a través de la piel.

Con esto no estoy diciendo que pongas a tu niño en una burbuja, solo que estés alerta para, en cierta medida, limitar la exposición a estos elementos que pueden causar efectos físicos y emocionales, debiendo aprender a comer más natural, con alimentos que vengan directamente de la tierra, menos enlatados, evitando embutidos, refrescos o pasteles.

Por esto, te hago un llamado a ti, padre o madre de familia, que estás teniendo problemas con tus hijos. ¡Te invito a conocerlos más! Debemos dejar que nuestros hijos se conviertan en nuestros maestros, ya que vienen a enseñarnos cómo se debe vivir en un mundo extraordinario, lleno de seres extraordinarios.

Maestros y directores deben conocer más acerca de las características de estos niños y modificar sus maneras de enseñanza, adaptando las aulas a centros de investigación y expresión, pues deben ser lugares de diversión donde nuestros niños puedan expresar su manera de ver el mundo, convirtiéndose en actores, en lugar de seguir siendo espectadores.

Cuando detectes a un niño que tiene problemas en la escuela o que lo han diagnosticado con cualquier clase de déficit, autismo, alergia o simplemente que no se puede "adaptar" a su grupo social, hazle un favor al Planeta, a esos niños y a esos padres:

¡Habla sobre los Niños de la Nueva Era!

¿Dónde se originan las enfermedades?

Actualmente, se han vuelto muy comunes las enfermedades autoinmunes o la Fibromialgia, El Hashimoto, etcétera.

Un grupo significativo de personas en el mundo tiene este tipo de problemas, los que, en la mayoría de las ocasiones, pueden terminar en algún cáncer si no se tratan a tiempo.

En general, todas las enfermedades representan un autosabotaje, es decir, un pensamiento, sentimiento o célula que está matando a otra en tu cuerpo, lo que genera las dolencias.

Esto también se puede entender en su más popular y última expresión, como cáncer. Una célula o una pequeña parte de la persona enferma, está atacando a otra célula y la está aniquilando. Una vez que se llega a este punto, el número de células matando a otras es muy grande, llegando a la muerte inevitable.

Pero, a final de cuentas, energéticamente es lo mismo. Tenemos la capacidad de revertir ese auto ataque, porque se está llevando a cabo dentro de nosotros, no se encuentra afuera, debido a lo que comemos, a lo que vivimos diariamente, a cómo se encuentran nuestros límites energéticos y a lo que pensamos y sentimos.

A raíz de que se me descubrió una "enfermedad autoinmune" y mi tiroides no funcionaba bien desde niña, por haber sido expuesta a un nivel de intoxicación muy grande, ya como una adulta, me sometí a procesos de desintoxicación, cambiando mi alimentación y cuidando mucho mi entorno. Ahí fue cuando mi cuerpo comenzó a funcionar mejor.

Ahora, mi percepción del mundo sigue cambiando y estoy feliz de que esto suceda, para seguir aprendiendo más y disfrutar todo lo nuevo que viene.

Para identificar qué y cuál es el origen de cualquier enfermedad, dolor o problema que tengamos, debemos conocernos mejor y escuchar a nuestro cuerpo. Literalmente, escuchar a nuestra intuición, a nuestras voces internas que nos dicen qué comer o qué no, pensar más positivo, evitar sabotearse y ejercer nuestro poder personal, reconociendo que somos nosotros mismos los únicos responsables de lo que nos pasa.

Por eso, si modificamos nuestra forma de alimentarnos, viviremos más tranquilos y felices, con pensamientos conscientes, revirtiendo así esos efectos. Entonces, las células felices pasarán el dato a aquellas que estén enfermas, transformando nuestro cuerpo entero en bienestar.

CAPÍTULO 2

LOS APEGOS

Mucho se habla de los apegos y poco se trabaja en ellos. En este espacio, haré referencia a los apegos más grandes y difíciles de remover que he experimentado, lo que no quiere decir que sean los únicos que existen.

Este tema es muy importante para mí, porque gracias a que he entendido el papel de los apegos, hoy por hoy puedo identificarlos cuando alguno se asoma a mi vida nuevamente, siéndome más fácil lidiar con ellos.

Aquí explicaré qué son los apegos, cómo los puedes identificar en ti y por qué es importante liberarlos. Algunos de los más comunes son los apegos a las personas y a las cosas materiales.

Morir con un apego sin poder trascender

Como te comenté, cuando me mudé a Estados Unidos, me sentía un poco perdida, sin ejercer responsabilidad de mí misma ni de mi camino. Así se fue desarrollando mi existencia en ese tiempo, sin dirección definida, lo que me llevó a una depresión, que poco a poco se fue haciendo visible en todo lo que hacía, dejando que la vida me llevara, en vez de yo tomar las riendas.

Al año de encontrarnos en Florida, mi esposo mencionó que sería mejor inversión, la de comprar casa. Yo, la verdad, aún no procesaba qué pasaba con mi vida y nada me parecía atractivo. Pero, si se trataba de finanzas, confiaba en él y en lo que proponía, por lo que comenzamos a buscar una.

Yo quería un lugar pequeño, manejable, que me ayudara a identificarme con este nuevo país. Él buscaba algo grande.

Así encontramos una casa de cinco recámaras, enorme para mis estándares, ya que yo sería quien la administraría y no era algo que me emocionara mucho, el tener que limpiar y mantener tantos espacios. Pero, como no sabía qué quería y me sentía muy devaluada, solo me dejé llevar.

Finalmente, compramos esa casa grande, en una comunidad muy alejada de la ciudad. Incluso, en el área, había acres inmensos con granjas.

Yo así me sentía: rodeada de la nada.

Lo primero que hicimos cuando nos mudamos, fue amueblar cada espacio. Los colores de sus paredes tenían una gama hermosa de cafés y amarillos, los que, en el fondo de mi corazón, me ponían nostálgica.

Para mí, esa casa, comenzó a sentirse como una pequeña y bella jaula. Hermosa por dentro y por fuera, pero al final de todo, era una jaula lejos de todo y de todos los que amaba.

Como mi esposo salía de viaje todo el tiempo, era yo quien se quedaba a cargo de los dos niños, mi hija de cinco años y un recién nacido de meses, por lo que trataba de hacer amistad con las únicas personas que se encontraban a mi alrededor, como una que otra familia con hijos de edades similares a los nuestros.

Pero la verdad, era que en esa casa sentía algo sobrenatural que me ponía triste y confusa, claro que con mis programaciones de quien yo creía ser, pensé estar solo "nerviosa y exagerada" y no puse mucha atención.

En varias ocasiones, sentí como si alguien se acercara mucho y me susurrara al oído. Seres invisibles que me causaban pánico, por lo que me ponía a invocar a todos los santos, a Dios y a cualquier ser que me pudiera ayudar a espantar esto que no entendía. Se me enchinaba la piel, me daba algo similar a pequeños choques eléctricos y me sentía aún más sola y más lejos de todo.

Así fue pasando el tiempo. Como te digo, no presté mucha atención a todo esto, hasta que mis hijos comenzaron a mencionar que había "algo" en la casa. Mi niño de tres años, en ese tiempo, me decía que jugaba con monstruos con uñas largas, que eran sus amigos, aunque de noche se veían feos. También, que debíamos ayudar a su amiga que se había caído en un hoyo desde el cielo en una playa y que pedía nuestra ayuda.

Debido a todos esos sentires e historias, comencé a leer temas de espiritualidad y a charlar con personas en las redes sociales, que sabían de esoterismo.

Como si esto no fuera ya estresante, para añadirle un poco de sabor a todos estos sentimientos, me pasó algo que cambió todo mi mundo y la perspectiva de él.

Un día, mi hija me preguntó si existían los fantasmas y esta fue nuestra plática:

Mi hija:

—¿Un fantasma puede vivir donde sea y es transparente?—.

Yo:

—Sí, algo así—.

Mi hija:

—Pues entonces yo veo un fantasma en las escaleras de nuestra casa—.

Te podrás imaginar que casi se me caen hasta los pantalones del susto. Obviamente, actué ecuánime y le dije:

—¿De verdad? ¿Y dónde está el fantasma? ¿Siempre lo ves?—.

Mi hija:

—¡Sí! Ahora te digo donde está—.

Nos dirigimos a los pies de la escalera, ella subió hasta el segundo piso y me dijo:

—Ahí está, en medio de las escaleras. En el descanso, donde la escalera da vuelta—.

Yo:

—¿La ves? ¿Puedes hablar con ella?—.

Mi hija:

—Sí, la veo, pero nunca he intentado hablar con ella—.

Entonces le pedí que le preguntara por qué estaba en nuestra casa y, debido a que mi hija pudo entablar una charla con el espíritu, supimos que la mujer buscaba a su familia que había vivido allí, donde nosotros nos encontrábamos.

¡No podía creer lo que me estaba diciendo!

Entre temor e incertidumbre, me estremecía. ¿Quién, en este mundo, me creería a mí o a mi hija de seis años, lo que estaba sucediendo? ¿Qué más debía hacer? ¿Cómo sacar a ese ser de mi casa?

Esa noche me la pasé orando con los pocos rezos que aún recordaba de mi infancia. Crecí en una familia religiosa y estudié mis primeros años en escuelas católicas, por lo que los padres nuestros y las avemarías, eran lo más cercano para mí, en ese momento de lidiar con "eso" de lo cual no tenía ni idea de cómo hacerlo.

Tratando de entender todo, recordé que, una amiga que conocía, estaba muy interesada en la astrología y en la espiritualidad, por lo que le pregunté qué se hacía en estos casos. Ella me dijo que investigaría en su comunidad y, en poco tiempo, me envió un "Ritual" para sacar a ese fantasma de mi casa, donde estaba atorado. De esa manera, yo podría ayudarle a salir de ahí.

Para lograrlo, me puse a juntar la información que me habían pedido como, por ejemplo, que debía buscar a alguien que conociera el pasado de ese fantasma. Al no tener idea de quién era, me puse a consultar con las vecinas con las que convivía de vez en cuando, quizás sabían quiénes habían vivido en esa casa y cómo lucían.

En efecto, una de ellas me contó sobre su mejor amiga y vecina que había vivido en mi casa antes que nosotros y aquí va su historia:

Las promesas incumplidas

—Ella murió de cáncer, pero antes de fallecer, hizo prometer a su esposo nunca mudarse de esa casa, pues adoraba cada esquina de su hogar que había logrado obtener con tanto esfuerzo—.

Mientras escuchaba a mi vecina, sentí su presencia. Ella estaba ahí.

—El esposo, aun cuando le había prometido a su esposa seguir viviendo en esa casa, no pudo mantener su promesa y muy poco tiempo después de la muerte de ella, la vendió y se mudó de la comunidad—.

Entonces, le expliqué lo que mi hija me había contado y lo que yo misma sentía, diciéndole que necesitaba de su ayuda para que ese fantasma saliera de mi casa. Sin titubear, aceptó apoyarme.

Una vez reunidos todos los elementos, comenzamos...

El ritual

El ritual consistía en que debía estar presente al menos alguien que hubiera conocido a ese ser en vida, prender una vela y poner incienso.

Pero, lo más importante, era convocar al fantasma a entrar en un círculo que podíamos hacer con las manos entrelazadas.

Mis dos hijos, mi vecina y yo, nos dispusimos a juntar nuestras manos y le pedimos a mi hija que la llamara, para que ese fantasma entrara en el círculo. Una vez dentro, solicitamos la presencia de algún enviado de nuestro ser creador, para que asistiera en el proceso y acompañara a esa alma confundida, para que partiera hacia donde le pertenecía ir.

Una vez que mi hija nos confirmó que el alma había partido de la casa, quedamos un poco cansados, pero con la sensación de logro. Pensé que podría dormir tranquila, pues ya no sentiría esa angustia constante y tan intensa. ¡Qué bien que pudimos ayudarla!

Ese día, mi esposo llegó de uno de sus viajes. Al entrar, miró la vela que yo intencionalmente había prendido para el ritual y, sin pensarlo, la apagó queriendo que fuéramos a dormir temprano. Quise platicarle lo que habíamos pasado ese día, pero él no creía ni quería saber nada de espíritus, así que me guardé la historia que ahora te cuento por muchos años.

Mis episodios en el mundo mágico de lo invisible comenzaron con el evento en el que ayudamos a trascender a ese ser misterioso, debido a que abrimos un portal energético entre niveles de consciencia y dimensiones, al realizar un ritual sin saber nada sobre esos temas. Más adelante, hablaré de los rituales y de los portales con más detalle.

Pero, regresando a los apegos, la razón por la que ese ser se había quedado en la tierra en forma de fantasma, era el apego tan grande que sentía hacia su casa y la razón más importante que le impidió irse, era por la pérdida de su hijo no nacido que sucedió dentro de esa vivienda, por no haber podido llegar al hospital. Como todo pasó tan rápido, decidieron no mencionar a nadie este acontecimiento y lo sepultaron en el patio, prometiendo que vivirían ahí para siempre, junto a él.

Quiero hacer un paréntesis sobre lo importante de nuestras palabras, pues se quedan impregnadas en nuestro AKASHA[3], especialmente cuando utilizamos los "para siempre" o "para toda la eternidad". Es en esas ocasiones, cuando estamos creando un contrato donde establecemos que, por siempre, seguiremos atados a él, regresando una y otra vez eternamente, aun cuando trascendemos o morimos.

Por esta razón, cualquier tipo de apego a algo material, a alguna persona o situación, va a impedir que podamos fluir en

---

[3] Akasha: Referencia en el glosario

nuestras vidas como lo queremos o lo planeamos. De una u otra manera, nos afectará nuestro caminar.

El amor como el apego más fuerte

En mis años de adolescente, tuve la fortuna de identificar mis habilidades de cazadora, cazadora de hombres, pues amaba el romance y el juego del coqueteo era mi materia favorita.

Desde muy chica descubrí mi destreza para enamorarlos, por lo que aquellos juegos de adolescente se fueron convirtiendo en historias de romance y pasión.

En todos y cada uno de los hombres que conocía, sentía cómo mi corazón conectaba al de ellos y, una vez ahí, podía tenerlos para mí.

Siempre fui muy respetuosa y así me sentía en las relaciones que tuve, hasta que todo comenzó a ser más intenso, cuando el enamoramiento se empezó a convertir en amor irracional; cuando del romance pasaba a la obsesión extrema de poseer a alguien que no era mis propios pensamientos.

Si encontraba a un hombre que se me acercaba y me gustaba, inmediatamente comenzaba con mis juegos cazadores y, si él caía en ellos, las historias de romance se creaban en mi cabeza de la mano de los deseos de un amor apasionado, que me amara en la misma intensidad que yo lo hacía con solo mirarle.

Pasé por miles de episodios de obsesión y apego por los hombres, apego al enamoramiento y a lo que yo creía era amor hacia los bellos felinos machos, pues con el solo hecho de mirarlos, me ponía a soñar. Con solo pensar que, si los observaba y me contoneaba cerca de ellos, comenzaban como leones a caminar a mi alrededor, me daba la sensación tan apasionante de captar su atención y de ver en sus miradas el fuego de la atracción.

¡Una de las sensaciones más emocionantes que he podido vivir y disfrutar en todas sus etapas!

Yo no necesitaba exponer mi cuerpo para que a ellos les saliera fuego por los ojos. Por eso, nunca he entendido a esas chicas que buscan exponer el suyo para atraer a los hombres. Quizá eso les funcione a ellas, pero mi juego iba más allá de un deseo carnal. Esa sensación de posesión y control sobre ellos me apasionaba y me llevaba más, hacia el apego de eso que sentía.

Finalmente, me encontré con el espejo más elegante y atractivo que pude haber encontrado en la faz de la tierra. Ese hombre que aún sigue en mi vida, mi gran amor, aquel con el que me comprometería y casaría. ¡Qué fuerte esa atracción!

Una vez que conocí al que ahora es el padre de mis hijos, tuve hacia él una atracción que jamás había sentido. Una dulzura, una suave mirada detrás de los coqueteos, los que comenzaron a ser cada vez más intensos. Era alguien muy parecido y diferente a mí. Alguien que tenía fuego por dentro, pero usaba dulzura y seducción para acercarme.

Caí en sus redes de inmediato. En menos de seis meses nos casamos y, en menos de un año, planeamos nuestro primer embarazo. Todo era un sueño, éramos miel, amor, pasión que desbordaba por las paredes. Yo no comprendía esa relación ni quería comprenderla. Era mejor solo vivirla.

Al paso de los años, me di cuenta de que nuestras personalidades eran demasiado extremas, pero la atracción del uno al otro era muy fuerte.

Ahí es que comenzó el apego más impetuoso de mi existencia. El que se disfraza de amor irracional, apasionado, que te ciega, que te lleva a las nubes y te deja caer hasta el suelo sobre una piedra rasposa que lo vuelve todo oscuro.

Es un amor ardiente y desgastante como el fuego en las entrañas, ese que te consume y te lleva a los extremos, a odiar el amor y amar el odio.

Cuando ya no podía odiarme más a mí misma por amar tan intensamente, me di cuenta de que ese amor no era sano.

No podía estar bien amar a alguien tanto, como para no dejarle ser, como para convertirme en un capataz o un carcelero, donde una vez adicto a mí, lo mantuviera en ese estado, asegurándome de que todo esté calculado para que, si intentara marchar, sus intenciones salieran a la luz, viéndose descubierto y vulnerable, regresando a su jaula de oro.

Por su parte, él estaba igual, tratando de mantenerme en la suya, la misma que yo había construido, una empalmada en la otra.

Colores distintos, percepciones, juicios y puntos de vista muy diferentes, pero que, al final del día, eran encarcelamientos que nosotros habíamos construido para nuestra pareja y para nosotros mismos, con una total inconsciencia de lo que estábamos edificando en nosotros y en nuestros hijos, hasta que llegó el momento en que todo explotó.

Ya no era sostenible esa situación. Los encajamientos eran demasiado esclavizados y la miel se convirtió en hiel, resentimientos y desdén.

Una vez cansada de ser el capataz, la jaula y la enjaulada, tomé consciencia de que la única que se encarcelaba y que se limitaba era yo misma. Esos deseos de enamorar, de sentir el amor apasionado hasta que el fuego me consumiera, se habían convertido en un apego tan grande, que me ataba a aquel que, en ese momento, era mi más grande amor y amigo, convertido en el más grande de mis enemigos; por lo que me dispuse a practicar el desapego.

Recuerdo dos episodios que marcaron mucho mi percepción de lo que yo creía era coqueteo, aunque no era el mío, sino el de mi marido con otras personas. Eso me enloquecía.

Mi propio juego, ese que años antes me daba tanto placer, ahora observándolo desde fuera, se veía horrible, dolía. Me dolía la piel y el cuerpo se me estremecía, cuando en mi cara, alguna mujer se le acercaba y usaba aquellas herramientas felinas que yo bien conocía.

Veía como mi esposo, sin darse cuenta, comenzaba a caer en sus garras mientras yo era la espectadora. Ya no era yo quien lo hacía. ¡Qué gran aprendizaje que he tenido!

Tan claro lo veía en ese momento: eso que yo había vivido como un juego de la vida, se me regresaba para darme un escarmiento.

Una cucharada de mi propia medicina.

Después de muchos episodios de separación, desdén, resentimientos y argumentos, siempre regresaba el amor que en un inicio nos había hecho encontrarnos. Por lo que, luego de un tanto y tanto, regresamos a vivir juntos, situación que comenzó a ser muy enfermiza, tanto para nosotros como para nuestros hijos, que iban y venían en nuestros episodios de amor y odio.

En uno de esos momentos de amor y reencuentro, decidimos comprar una casa juntos nuevamente. Al llegar a la puerta, aquella agente elegante, con buen porte, pero quince años mayor que nosotros, nos mostraba un lugar que parecía adaptarse a lo que buscábamos.

Al distraerme viendo la sala, sentí algo que no me gustó nada y de reojo observé. Ella lo miraba con sus ojos cazadores y él le respondía con sus risas nerviosas.

En ese instante, me entró un fuego por los pies, pero supuse que era solo un coqueteo infantil, aunque un par de años después, este sutil encuentro se convirtió en una relación de pareja con mi hombre. La vida da muchas vueltas y aquellas personas con las que tenemos lecciones, volverán para darnos escarmientos o enseñarnos algo.

—¡Mira que bien funcionan esas herramientas!— me decía a mí misma —Me encuentro a otra que hace lo que yo hacía, pero esta vino a quitarme a mi hombre—.

Mi rabia y enojo se incrementaron con el mundo, con mi exmarido, con las mujeres que usaban así su fuego.

Fuego y deseo que rompía hogares y relaciones, que apagaba corazones en vez de prenderlos. Eso no era amor. Eso era apego y obsesión para querer poseer algo que no te pertenece y que te gusta tanto que no te importa el precio que has de pagar por obtenerlo, aunque te lleves entre los pies a quien sea, con tal de que sea tuyo.

Otro episodio que me hizo darme cuenta de lo que es el apego a un hombre, el apego a alguien que crees es de tu posesión, se dio en la nueva casa que elegimos para vivir juntos una vez más. Caminamos hacia una reunión de la comunidad, a fin de participar para conocer un poco a los habitantes y a las situaciones que acontecían en la zona.

Una vecina miraba con ansias a mi pareja, la que, al finalizar, corrió a platicarle y darle la bienvenida.

El fuego por dentro me comenzaba a consumir, de tan solo verla como lo miraba. Caminó con nosotros y, una vez despidiéndonos, ella escribió en un papel su teléfono y lo deslizó con cuidado en su mano. Él aceptó y la invitó a una copa en nuestra casa, delante de mi cara. ¡Yo no pude más! Comencé a caminar deprisa, me sentía abrumada, no podía respirar.

Una vez en casa, comenzamos a pelear, yo había llegado a mi límite. Ya no quería sentir ese agobio una y otra vez.

Aquella medicina que antes me alimentaba, ahora me envenenaba. Yo no podía ni quería controlar nada más, ni obligar a nadie a hacer o no hacer algo, para mantener una relación, un compromiso, un amor.

Finalmente, probé una cucharada de mi propia medicina y decidí dejar la jaula que tanto amaba.

Ese día, después de pelear intensamente, me quedé llorando en un sofá. Me tiré al piso, pues el dolor corporal era tan intenso que se volvía insoportable, como si me apuñalaran, no había un lugar de mi cuerpo que no me doliera, me retorcía del sufrimiento.

¡Ya no quería ese dolor nunca más!

De pronto, un rayo de sol me iluminó y, a pesar de mi llanto, escuché:

—¡Ya no llores más, es el momento de soltar lo que más has atesorado, es momento de que te liberes y lo liberes!—.

Comencé a respirar con mis ejercicios que había aprendido en uno de los tantos retiros de *Breathwork o Prana*[4] a los que asistía. Mi respiración era fuerte y por la boca. El llanto no me dejaba respirar por la nariz, pero había aprendido que aún se puede hacerlo por la boca y por la piel. Seguí mis instintos, hasta que llegué a la calma.

Me quedé en una pausa, tratando de darle sentido a esa frase y, de pronto, entendí que yo no era nadie para detenerle, que yo no quería ser más un capataz de jaulas. Ni de la mía ni de la de él. Así que tomé el papel con el teléfono de la vecina que le había arrebatado minutos antes, con calma bajé las escaleras, le miré y extendí mi mano regresándoselo.

—Eso te pertenece, ya me he cansado de todo esto—.

Su mirada de triunfo o satisfacción fue algo que nunca he olvidado. Era un tanto como agradecimiento y un tanto como un niño pequeño cuando le das la paleta que tanto pidió. Así como un helado tan deseado cuando al primer sorbo te hace olvidar hasta de tu nombre.

Un apego que yo ya no estaba dispuesta a tener, por lo que, una vez decidido el cambio, mis andanzas de gitana comenzaron de nuevo.

Fue una etapa muy difícil, porque había demasiadas oportunidades de ejercer ese fuego que me quemaba por dentro, pero ya no se veían atractivas, ningún hombre me llamaba la atención. Todos eran muy ligeros, muy jóvenes, muy niños, muy sencillos, muy complicados.

Ninguno traía fuego por dentro y, si me topaba con alguno que sí lo tenía, le encontraba toda clase de peros para no enamorarme, para no apasionarme, para no caer en el apego que estaba tratando de sanar.

---

[4] Breathwork o Prana: referencia en el Glosario.

En los años siguientes a esos episodios, me dediqué a asistir a retiros, a emplear mi tiempo en trabajar, ir a la playa, disfrutar con amigas, pero lo más importante, fue que comencé a entender mi fuego interior y cómo lo podía usar mejor que como cuando era una pequeña adolescente con ansias de vivir al máximo.

Esta vez, usaba ese fuego para observar la naturaleza, para disfrutar de una buena charla, de correr o caminar por las noches a un lado de un lago, donde viví varios años, charlando con los patos, tortugas, pájaros, peces y cisnes que habitan ahí. Cantaba, bailaba descalza, meditaba.

El fuego que tanto me consumió por años, ya no era peligroso. Se había convertido solo en una fogata que me daba un poco de nostalgia del ayer y esperanza del mañana.

Amar sin intervenir

Aquel hombre que amé sin usar mis habilidades femeninas

Finalmente, logré soltar el deseo de hacer mío lo que me gustaba. Mi apego más grande en esta tierra, como lo he mencionado anteriormente, ha tenido mucho que ver con el romance, el amor y el enamoramiento.

Me despegué de una de mis obsesiones más grandes, pues el amor que sentí por aquel hombre fue como el de los cuentos de hadas.

Amor a primera vista.

Él caminó hacia mí. Yo no podía articular palabra, las piernas me temblaban y su mirada me derretía.

Siempre he admirado mucho al sexo masculino en todas sus facetas. Pero esto me sobrepasaba.

¿Has escuchado aquella frase que dice que detrás de un gran hombre hay una gran mujer? Pues, aquí quiero agregar que, si conoces a un gran hombre, debe tener tras de él a una gran mujer que, junto a él, se ha esforzado para que ambos puedan sentirse completos y plenos, y que por eso se ve grande.

Cuando uno está en el camino a reencontrarse, puede toparse con hombres fuertes, seguros de sí mismos, con una convicción y un propósito muy marcado, que brillan tanto que se van a notar en las multitudes.

En ese camino a re−encontrarme, me topé con varios hombres que brillaban tanto que, definitivamente, tenían mujeres con ellos; otros que, como yo, andaban en su propio camino a encontrarse; otros que solo les llamaba mi brillo esperando que les alumbrara sus tinieblas.

Pero, después de mi divorcio, yo tenía muy claro que el hombre para mí sería aquel que estuviera en el camino a encontrarse a sí mismo o, al menos, que pudiera brillar por sí solo, para que su espacio y el mío fueran sincronías donde poder encontrarnos y seguir caminando.

El detalle es que cuando pensé encontrar a un hombre con características similares a las que te comento, sentí que tenía una conexión especial y que la vida nos juntaría con sincronías. Lo que no contemplé, es que todo fuera origen de mi imaginación, apegos, creencias y que, al final, nada fuera real, sino solo un juego de mi propia ilusión, donde había 'creado' un escenario parecido a lo que creía que era para mí.

Al pasar el tiempo, aquel hombre fuerte, guapo y coqueto, se convirtió en uno más que pasaba por mi vida iluminando mis oscuridades, brillando tanto que me encandilaba, a tal punto que no podía articular palabra cuando quería decirle algo. Mi cerebro se congelaba, pero toda la historia que me había hecho, de que "ese" era probablemente "mi hombre", se desvaneció cuando él me habló de su esposa.

Uff, lo primero que me dijo cuando me miró a los ojos, fue:

—Por eso yo le digo a mi esposa que voy directo a casa—.

Me temblaron las piernas, mi corazón se apretó y de mi boca solo pude sacar una sonrisa forzada.

El tiempo pasó y cuando lo llegué a encontrar en mi camino de nuevo, su mirada me seguía congelando y mis muchas palabras deseosas de salir, se convertían en una sonrisa y un:

—¿Cómo estás?—.

Ya no lo veía como una opción para mí. Desde un inicio, ese hombre 'que creí el ideal', marcó la línea y me dejó saber que él tenía un compromiso y que estaba claro en ello. Eso me hizo respetarlo mucho.

En mi camino me había topado con hombres "comprometidos o casados" a quienes no les importaba tratar de conquistarme, para ellos no había límites de anillo ni compromiso. Solo veían a una mujer que les gustaba y que querían tener, no importándoles sus esposas o sus deberes para con ellas.

Por eso, ahora que tenía enfrente a un hombre que, para mi concepto era el "ideal", por ser respetuoso de su esposa, me hizo sentir, a su vez, un respeto profundo por él y un amor sin expectativas. Un amor incondicional.

Pero en esta ocasión, este amor se daría solo en mis miradas, solo en mis sonrisas. Un amor sin intervenir.

¿A qué le llamo no intervenir?

No intervenir significaba no usar mis habilidades felinas, femeninas, esas que sabía utilizar para conquistar a alguien, pues debían quedarse guardadas en el cajón de mis sueños, esperando a aquel hombre, que no era este, que me había imaginado.

Nuevamente, llegó a mí un poco de nostalgia, los apegos al amor y aquella sensación de hogar se desvanecieron otra vez. Solo fueron sueños, historias que yo misma me contaba cuando me quería distraer de la rutina.

¿Cómo detectar los apegos?

Es importante saber si tenemos apegos a algo o a alguien.

Una forma muy sencilla de averiguar que son apegos y no emociones balanceadas y saludables es que, cuando las tenemos, no son sentimientos sutiles que nos alegran el alma, sino que son fuertes, apasionados y que nos pueden cegar por instantes, ya que la fuerza, consistencia y repetición con la que se presentan, nos indican que tienen fuego.

Esa llama, tal y cual nos quema por dentro y nos hace actuar sin pensar, nos saca de nuestro centro causándonos inestabilidad y delirios mentales que, en muchas ocasiones, pueden llegar a situaciones muy fuertes, incluso a orillarnos a traspasar los límites de otros y de la sociedad, como crímenes o acciones extremas.

Otra forma de percibir que se trata de un apego es que todo a su alrededor nos indica que algo está fuera de su lugar. Por ejemplo, si alguna amistad o familiar nos menciona que eso nos hace mal, pero sin escucharle, seguimos insistiendo en hacernos daño a nosotros mismos y a otros.

También es un apego, esa relación que nos empecinamos en mantener, un matrimonio que ya ha llegado a su término o aquel carro que nos ciega o quizás aquella obsesión por poseer a algo o a alguien que nos lleva a perder a nuestra familia, amistades o a nuestro estatus en la sociedad, debido a que está fuera de balance dentro nuestro, desgastando nuestras energías.

La pregunta crucial de los apegos es, ¿cómo liberarse de ellos?

Métodos para liberar los apegos

La primera forma es haciendo conciencia de que lo que tenemos es un apego y no un sentimiento sutil.

Cuando hablo de sentimientos sutiles, me refiero a aquellos que literalmente salen de nuestra esencia del espíritu y alma, esos que son la combinación de cambios físico/químicos en nuestro cuerpo, que nos hacen sentir plenitud y amor puro tan suavemente, que casi es imperceptible, invisible.

Si lo has experimentado, sabes de lo que te hablo. Estos sentimientos sutiles llenan nuestra alma y la de aquellos con quienes los compartimos, siempre aportan algo y nunca drenan energía, al contrario, son fuente de energía pura.

Una vez que entendemos que lo que tenemos son apegos, ya estamos dando un gran paso para liberarnos.

Otra señal de que estamos sufriendo un apego, es cuando entendemos que no nos estamos respetando o que estamos pasando por encima de los límites de otros. Por eso, al momento de establecer límites sanos, podemos reparar daños que parecían irreversibles o, incluso, sanar los apegos al cien por ciento.

Hay una técnica que utilicé y que me gustaría mencionar. Está basada en una afirmación, donde hablas en voz alta sobre todas las clases de apegos que existen, incluyendo tu propio apego, y solicitas que se descree, se destruya o transmute.

Para aplicarla, existen puntos básicos que puedes utilizar, como los siguientes:

a) Comienza reconociendo cuál o cuáles son tus apegos.

b) Acepta que no puedes controlarlos.

c) Aprende a poner límites.

d) Refuerza y concentra tu atención en tu autoestima y amor propio.

e) Aprende a disfrutar tu soledad.

f) Cuestiona tus creencias.

g) Mantente cerca de grupos que te motiven y ayuden a estar activo, que sean contributivos para ti.

Si nada de esto funciona, busca a un profesional que te ayude a superar y liberar estos apegos o búscame a mí y hagamos una sesión especial al respecto.

Recuerda que siempre existe más de un camino y más de una solución a lo que consideramos problemas.

Espero que, después de haber leído este segmento, te encuentres con más consciencia de cómo los apegos nos pueden afectar de gran manera y de que, si realmente queremos vivir más balanceados y con tranquilidad, necesitamos liberarlos.

Y, si es que estás buscando liberarte, te recomiendo un método que me ha ayudado mucho en mis procesos, la meditación con Prana y el *Breathwork* (trabajo de respiración consciente).

Hay muchas técnicas para ejercitarlo, y aprovecho para contarte que, cuando al conocerla, me ha transformado a mí y a los que me rodeaban en ese momento.

Prana

Todos sabemos que respirar profundo siempre nos ayuda, pero la pregunta es si sabemos que, al respirar, nos conectamos con todo lo que existe dentro y fuera de nosotros.

Cuando respiramos desde nuestro centro, activamos algo llamado Prana.

El vocablo Prana viene de la palabra en sánscrito que significa 'aliento o energía vital', representado por el aire aspirado. Entonces, si tomamos ese concepto, el respirar profundamente nos ayuda a activar nuestra energía vital.

Ya desde esas palabras, podemos imaginarnos que respirar profundamente y activar nuestra energía vital, es claramente una forma de aligerarse de pesadas cargas, debido a que, si tenemos algo atorado, el Prana nos ayuda a que se desatore y fluya.

Desde ese concepto tan sencillo, podemos aplicar el Prana a cualquier evento en nuestra vida que nos genere ansiedad o estrés. No siempre es bien utilizado e, incluso, puede ser sobre utilizado, y es ahí cuando sentimos un desbalance en nuestras respiraciones. Si crees que necesitas apoyo al realizar las tuyas, no dudes en pedirme asistencia.

He introducido este tema a la sección de apegos, debido a que una de las herramientas que me ha ayudado a liberarlos y limpiarlos, fue y seguirá siendo la respiración con intención, Prana.

Recuerdo un evento de Tai Chi organizado por un medallista olímpico en la ciudad donde vivía, al cual asistí con agrado, debido a que pude aprender de alguien experto lo que era esta disciplina oriental y todo lo que significa ejercerla. Los movimientos, la respiración y la consciencia que eso genera.

En aquel grupo de Thai Chi, publicitaron a una persona que daría un ejercicio de Prana, llamado *Breathwork,* la siguiente semana. Me llamó mucho la atención aquel panfleto y me apunté, pero fue cancelado y les pedí me pusieran en la lista de avisos para cuando otro evento similar se agendara.

No pasó mucho tiempo cuando recibí una llamada, invitándome a un *Breathwork* en Miami, como a una hora de donde vivía, pero en ese tiempo, mis ingresos estaban limitados y tuve que rechazarla. Para mi sorpresa, el organizador abrió un espacio con tal de que le ayudaran a cocinar, pues la persona que usualmente lo hacía, no podía asistir en esa ocasión.

Cuando vi esa oportunidad, le mandé un mensaje, ofreciéndome para cocinar en el retiro que sería de cuatro días.

Pronto recibí la llamada de Christian de la Huerta[5] aceptando mi petición. Desde ese momento, algo en mi corazón me dijo que ese era el camino, además de que brincaba de alegría y emoción por participar en tal evento.

Así llegó el gran día.

Me levanté muy temprano, lista para manejar al lugar donde se llevaría a cabo el retiro. Al llegar, todo parecía muy quieto.

Aquello era inmenso. Había un patio de entrada que parecía un parque y, en medio de aquellos árboles y plantas, se levantaba una casa antigua de dos pisos que me traía una sensación de haber estado ahí antes, como cuando llegas a visitar a un familiar muy querido.

Alguien estaba en la puerta tras el mosquitero y, al dar unos pasos cerca, se abrió el portón y unos brazos abiertos me recibieron con mucha paz.

---

[5] Christian de la Huerta: Fundador de Soulful Power, escritor y orador público, realiza seminarios y retiros en el área de transformación personal en todo el mundo. Su especialidad ha sido la práctica del Prana o Breathwork.

¡Qué alegría ser recibida así!

Se presentó el que era un aprendiz de Christian, que me daba la bienvenida y me introducía al lugar.

Una vez que vi el sitio, comencé a organizar los alimentos y bebidas para el retiro. Luego, Christian nos llamó para dar inicio al evento.

Los nervios y la emoción me decían: "Esto es lo que necesitas. Bienvenida".

El retiro a mi libertad

Una vez que iniciamos el evento, con tan solo sentirme a cargo de la cocina y de poder dar algo de mí, preparando los alimentos de las personas que allí se encontraban, me daba un sentimiento de satisfacción y agrado.

Pero, cuando fue tiempo de hacer el primer ejercicio de *Breathwork* o Prana, mi mundo se volteó de cabeza, debido a que nunca me imaginé que se podía llegar a tal éxtasis con tan solo respirar.

Como bien ya he platicado, la meditación era algo con lo que me sentía bastante cómoda y al momento de comenzar a respirar, mi cabeza me dijo: "Pero si es solo respiración, luego te relajas y meditas".

¡Cuál fue mi sorpresa que, en las primeras sesiones, tuve de todo, menos relajación! Explico un poco más.

Al respirar profundo y constante, comencé a sentir un cosquilleo en la zona de los labios, el cuerpo adormilado y una sensación de querer dejar de respirar me agobiaba, era mucha resistencia a lo desconocido. Una vez que seguí respirando y pasé de adormecimiento a un movimiento de emociones, no podía dejar de llorar y solo escuchaba a Christian diciendo:

—Sigue respirando, todo está bien, sigue, sigue—.

El llanto y la respiración no me dejaban pensar, así que seguí.

Me inundaba una sensación de querer moverme y de gritar junto a una serie de emociones que formaban una gama de imágenes en mi cabeza. Eso era algo extremo que en mi vida no había experimentado.

Era como estar en una ruleta rusa en una feria, un juego mecánico al límite. Bajaba y subía flotando en la nada y en el todo. ¡Fue impresionante!

No es solo todo lo que pasa en ti cuando estás respirando, es también todo lo que percibes a tu alrededor.

Mientras yo respiraba, las personas que estaban cerca de mí vivían sus propias experiencias, lloraban, reían, se movían. Se sentía como estar en un salón de baile, sintiendo todos y cada uno de los movimientos y experiencias del grupo y, al mismo tiempo, mis propias emociones y experiencias atoradas que gritaban:

—¡¡¡Déjanos salir!!! ¡¡¡Libéranos!!!—.

Una vez terminada la primera sesión de Prana, se realizaba un círculo cerrado para expresar experiencias y compartir al resto del grupo, ya sea sensaciones o cualquier cosa que saliera.

Lo que más me impactó aquel día y para el resto de los retiros y eventos que he participado similares a ese, fue que todas y cada una de las personas que asistía, mágicamente se sincronizaba con el grupo y que todos trabajábamos eventos o situaciones de nuestras vidas similares.

El apego, en mi caso, fue algo que se destapó de una. En una de las respiraciones, una vez que el cosquilleo y la ansiedad habían pasado, tuve una visión. Me vi en lo alto, estaba en la orilla de un acantilado y me tenía sujetada mi pareja. Yo gritaba con temor por sentir que me caía, pero le decía que me soltara. ¡No podía creer que estuviera pidiéndole que me soltara estando al borde de un acantilado! Pensaba: "Me voy a morir. ¿Y qué pasará después?".

Finalmente, él me soltó, pero entonces era yo quien no quería soltar, hasta que en un respiro profundo abrí las manos y me dejé caer. Mágicamente, al llegar al piso, a unos centímetros del suelo, quedé sostenida, nada pasó. No morí, seguía siendo la misma, pero libre.

Al terminar esa tarde, recuerdo haber compartido algo de mi experiencia, pero el sentimiento de realización de lo que tenía que hacer o lo que debía entender en mi vida, no me dejó dormir mucho.

Ante tal vivencia, pude entender con el Prana lo que debía hacer, que consistía en soltar mi relación y confiar en lo que siguiera adelante. Así lo hice.

Una vez que regresé a casa, pude confiadamente tomarme como prioridad y ejercer mi libertad, para encontrarme a mí misma, sin esperar que otros me sostuvieran.

Me di la oportunidad de vivir ejerciendo la responsabilidad que ello conlleva.

¡Por primera vez, pude sentir la verdadera sensación de vivir con responsabilidad de mí misma! Cada decisión que tomé desde ese instante tenía más claridad y todo hacía más sentido.

A partir de ese evento, tuve la gran dicha de participar con Christian en cinco o seis retiros más, habiendo sido un honor poder compartir con todos y cada uno de los participantes, sus emociones y realizaciones de tales sucesos, siendo testigo de liberaciones y de transformaciones indescriptibles.

Lo más hermoso de todas esas experiencias, es que pude entender la camaradería con Christian, al que he considerado mi mentor y amigo desde entonces.

Pero lo mejor de todo eso, fue que aprendí que, con el Prana, se pueden remover y reconocer toda clase de bloqueos, emociones, traumas o situaciones que por nosotros mismos son más difíciles liberar. Aprendí que tales apegos que yo guardaba se podían dejar ir.

Pude, por fin, caminar sin esas muletas que me enfermaban y que enfermaban a los que amo.

Es por todo eso, que te invito a que experimentes esta gran herramienta que ha sido un parteaguas para mí y mis experiencias en la tierra.

Por lo pronto, sigamos con otro tema que me ha marcado mucho y me ha costado entender y superar.

¿Alguna vez te has sentido etiquetado o etiquetada?

CAPÍTULO 3

LAS ETIQUETAS

¿Cuántas etiquetas te han dicho que tienes?

Quizás a tus familiares, amigos o maestros, desde sus percepciones, les pareció que eras la seria, la flaquita, la gordita, la platicona, la inquieta, el inseguro, el miedoso, el sociable, la gritona, el llorón, el distraído. Puedo seguir la lista interminable de adjetivos que nos impusieron o que siguen siendo impuestos, día a día, a los niños.

Esos adjetivos son tan repetitivos, que comienzan a adoptarlos como suyos, volviéndose sus etiquetas.

En mi búsqueda por conocerme y autoanalizarme cada vez más, descubrí que, debido a una extrema sensibilidad a ciertos alimentos junto con la intolerancia al gluten, se me produjo una intoxicación que se convirtió, a lo largo de los años, en una supuesta 'enfermedad' que no entendí hasta mi edad adulta.

Pude finalmente comprender, que tal y como me repetían mi madre, mi abuela y algunos familiares, yo no era nerviosa ni llorona, sino solo más sensible, que mi distracción no era una deficiencia para aprender los números y que, mi manera de ver el mundo era diferente a la de la mayoría de los adultos que me rodeaban.

Tuvieron que pasar casi treinta y cinco años, para que comenzara a darme cuenta de quién era yo realmente, cuando me convertí en madre y me dije:

— ¡Mi hijo está incontrolable! ¡No sé qué hacer! —.

Ya como adulta, pude observar que no era la única con esta afirmación. Una gran cantidad de familias, padres, madres, maestros, se encuentran en crisis, porque las nuevas generaciones de niños están empujando al mundo a un cambio.

¿Qué debemos saber sobre esas crisis?

¿Existe algún método o arreglo para estos niños?

¿Podremos ayudarlos a que se adapten a los viejos sistemas educativos y sociales?

Aquí hay ciertas partes del rompecabezas: la alimentación, el ambiente que les rodea, los juicios de sus acciones, su extrema sensibilidad, la percepción del mundo desde su realidad. Todo esto, nos lleva como sociedad guiada por viejos patrones culturales y sociales, a calificar o etiquetar a estos niños.

¿Cómo podemos ayudarlos?

Entendiendo qué pasa en ellos, por ejemplo, con la alimentación y con sus acciones.

La importancia de la alimentación

Los alimentos son una fuente de energía, por eso, necesitamos tomar consciencia de qué tipo de energía daremos a nuestro cuerpo físico.

Por ahí dicen que somos lo que comemos y, si lo que comemos contiene elementos que nos enferman o intoxican, será menos probable que podamos funcionar con todo el potencial que tenemos.

Si consumimos harinas y azúcares procesados, hormonas no naturales, colores artificiales o leches no naturales, comenzaremos a engordar y a enfermar, ya que nuestro cuerpo físico no funcionará bien. Es posible que lo que comamos se parezca más a un plástico, que a una fuente real de energía.

La manera de elaborar los alimentos últimamente aparenta más la forma de procesar los plásticos, es decir, si comemos algo parecido a este material, que no tiene nada de energía que darnos, nos sentiremos débiles y sin fuerzas. Lo importante aquí es lo que sí debemos comer.

Si consumimos semillas y alimentos que vengan de la tierra directamente, sin tantos procesos o químicos para conservarlos, podremos procesar esa energía y nos sentiremos fuertes. Así funcionamos mejor en todos los sentidos.

Tomar agua lo más purificada posible, comer lo más natural y menos procesado nos mantiene conectados y más receptivos, y podremos funcionar y procesar mejor las energías para nuestro propio consumo y para la emanación de luz al exterior, es decir, que disfrutaremos de un estado de salud y felicidad, además de poder transmitirlo a los que tenemos a nuestro alrededor.

Caminar cerca de la naturaleza o en un parque, ir al mar, tomar sol, salir al jardín o simplemente respirar profundo, observar el cielo, los animales y las plantas, todo esto nos ayuda a conectarnos y a que la energía fluya en nuestros cuerpos.

La naturaleza puede proporcionarnos energía, sin necesidad de que la comamos.

Mi hijo está incontrolable

Existe una creencia que señala que, si no le ponemos atención a algo, desaparecerá. Pero, todo lo que evadimos eventualmente vuelve y, en la mayoría de las ocasiones, regresa con más fuerza.

Es lo mismo con los niños a quienes se les intenta poner en el rincón, tratando de invalidar o ignorar que algo pasa con ellos.

¿Te ha pasado ver a ese niño que corre desmedidamente en medio del centro comercial o aquel que llora sin parar, sin que los padres sepan qué hacer? Pues probablemente, estés en presencia de un niño que necesite de alguna atención que sus padres desconocen.

Hablemos, entonces, de los alimentos que afectan el comportamiento de estas nuevas generaciones y de cómo pueden reaccionar estos niños, si comen algo que no va con sus energías.

Lo notarás inmediatamente, debido a que se ponen hiperactivos, brincan, corren o se ríen desmesuradamente.

Se vuelven incontrolables, se deprimen, lloran mucho o son rebeldes o muy traviesos. O lo peor, se enferman de gripa, tienen asma o se les generan alergias de cualquier cosa.

Por esto, en vez de ignorar las reacciones de los niños, debemos analizar qué es lo que han comido o qué factor les está haciendo comportarse de esas formas que, al punto de vista de nuestros abuelos, sería como un pequeño sin educación o muy consentido, al que hay que poner en su lugar o castigarlo.

La diferencia es que ya no estamos en la época de nuestros abuelos. El mundo ha cambiado muchísimo desde entonces y debemos enfrentar esta realidad encontrando nuevos métodos y diferentes tipos de alimentos, haciendo conciencia de lo que a nosotros nos ha funcionado o lo que a los abuelos les funcionó, ya no funciona para los niños de hoy.

¿Cómo descubrí que lo que comía me cambiaba?

Porque esas etiquetas me han marcado hasta el día de hoy. Aquí te cuento.

El gluten como mi peor enemigo

Mi madre era egresada de la escuela para señoritas en su ciudad y aprendió repostería.

Le encantaba hornear postres frecuentemente, así que nosotros comíamos pan, pasteles y tortillas de harina hechas en casa y toda clase de platillos que no eran muy saludables, pero sí muy ricos.

El detalle fue que nunca descubrimos que yo era alérgica al gluten, por lo que, cada vez que comía pasteles o algo con harinas procesadas, mis alergias se incrementaban exponencialmente y mi rendimiento físico, emocional y mental se veía comprometido todo el tiempo.

Aparte de que el gluten y mis alergias me mantenían inflamada, la cantidad de harinas que comía no me dejaba conservar mi peso. Siempre fui 'rellenita' según mi familia, lo que aunado a que mi mamá me llamaba 'gorda', todo el tiempo pensaba que yo era la 'gorda' de la casa.

Cuando era adolescente adulta, me llegué a ver en algunas fotos de niña y me di cuenta de que no había sido gorda. Siempre he sido de complexión grande, pero no gorda.

Además, hacía mucho ejercicio. Por lo que el tema de sentirme gorda no era del todo real, pero, aun así, se fue convirtiendo, con los años, en algo cierto y palpable, pues al creerme que esa era yo, me convencí de que era gorda, distraída y nerviosa.

Con una autoestima por los suelos, siempre ejercitándome y tratando de aprender algo nuevo, intentaba destacar para demostrarle al mundo que no era ni tonta ni gorda.

Distraída, nerviosa, llorona

—No es tonta— decían las maestras —Lo que pasa es que se distrae y se mueve mucho—.

Uno de los traumas o programas que tengo muy grabados en mi cabeza, se refiere a los momentos de estrés en la escuela cuando las maestras llamaban a mi madre. Yo escuchaba sus conversaciones y el hecho de que ellas le dijeran que mi rendimiento no estaba bien, me afectaba mucho.

Pero no solo era mi rendimiento, sino que, desde el punto de vista de la maestra, era que yo comparaba los comentarios que hacían de mí con los que hacían de mi hermana. Ella siempre tenía dieces, era tranquila y callada, mientras yo, por el contrario, era inquieta y platicona.

Mi hermana se reía de mí diciéndome que yo me distraía hasta con una mosca que pasaba.

En mi casa, también recibía toda clase de etiquetas. Pasaba que percibía sonidos de todo tipo y era muy sensible a muchas cosas, de las que parecía que nadie más se daba cuenta.

Entonces los demás, al no captar los sonidos o ver lo que yo veía, me tachaban de nerviosa.

—Son tus nervios. Ya tómate un té de manzanilla y duerme. No es nada, es tu mente nerviosa, es de familia—.

Mi mamá me llegó a decir que tenía familiares que se habían vuelto locos, porque hablaban de cosas extrañas y que era importante no darle mucho cuento a nuestros pensamientos o sentimientos. Que a un tío al que medicaban, finalmente lo habían metido al manicomio por mencionar cosas raras.

¿Te imaginas mis pensamientos cuando veía a mi abuelo fallecido en el comedor sentado o cuando escuchaba voces de gente pequeña en mi cuarto?

¡Claro que no decía nada!

Y menos, si escuchaba algo por las noches, porque me moría de miedo. Mi mamá trataba de darle una justificación al ruido y me daba un té para que se me calmaran los nervios y me durmiera.

Así que, aparte de no mencionar nada de lo que veía o sentía, no tenía una forma de expresar lo que me pasaba. Buscando encontrarla, tuve un incidente que me ocasionó la idea de que yo ni era creativa ni tenía habilidades para dibujar, lo que me generó un miedo infundado.

Aquí te cuento de donde comenzó.

A mi mamá le gustaba pintar al óleo y, un día, quise hacer un dibujo cuando ella estaba pintando, pero comenzó a criticarlo tanto y a decirme que así no se hacía, que sentí que no tenía habilidades para pintar.

Entonces, entre nerviosa, distraída y sin sentido de la pintura, yo ya era un caos.

Otra etiqueta que tuve fuertemente era la de llorona. Al ser tan sensible desde chica, necesitaba mucho apoyo de mi familia.

Una manera de que los niños sienten que son amados y están seguros, son los abrazos y decirles muchas veces que los amas. Ese es el regalo más grande que puedes hacerle a un hijo o a un niño pequeño.

Mis padres son hijos criados en familias grandes, mi madre creció entre siete hermanos y hermanas y mi padre era el primero de cinco. Así que ninguno de los dos, tuvo esa experiencia de abrazar y, mucho menos, de expresar su amor a nadie.

Yo no recuerdo un día en que alguno de ellos me dijera que me amaba.

Mi mamá me abrazaba cuando lloraba, entonces comencé a entender que una forma de recibir abrazos y seguridad era cuando algo me pasaba y lloraba. El problema con eso es que fui etiquetada, por el resto de la familia, como la llorona de la casa.

Recuerdo un día que me llevaron al doctor, porque mis padres estaban preocupados de que yo lloraba mucho. El médico me revisó y les dijo que me compraran una mascota, porque no tenía el valor para decirles que lo único que necesitaba era amor y abrazos.

A partir de allí, mis padres me compraron mascotas las que, desde entonces, fueron mis mejores amigos en esta tierra, debido a que a ellos sí podía contarles mis vivencias y sensaciones que nadie más entendía.

Por eso, te propongo lo siguiente: si tú fuiste uno de esos niños etiquetados con algún déficit de atención o etiquetas similares, no te preocupes, no te falta nada ni eres raro o rara.

Eres un ser único e irrepetible con habilidades y sensibilidades que otros no tienen o pueden entender. Solo tú puedes descubrir en ti, cuáles son esas destrezas y hacer uso de ellas para divertirte y sentirte útil en el mundo. Y si hay alguien cerca de ti que está pasando por algo similar, recuerda estas palabras.

Hay formas de cambiar tus paradigmas y etiquetas que por tanto tiempo te fueron impuestos por otros o por ti.

Yo te puedo decir que sí se puede, por lo que aquí, en este libro, expongo algunos ejercicios y métodos para ayudarte a reencontrarte en tu esencia. También puedes buscarme en algunas de mis plataformas en el internet, donde comparto ejercicios o puedes tomar sesiones conmigo.

Por otro lado, si eres madre o padre que se siente preocupado por el rendimiento de tu hijo o si te son interesantes estos temas, esta información podrá serte de utilidad para entender y ayudar a formar a estos niños para que sean más felices.

Déficit de atención o desconexión

¿A qué se le llama Trastorno por Déficit de Atención e Hiperactividad TDAH, al que yo le llamo el Déficit de Atención o Desconexión?

"Me dijeron tienes TDAH"

Se le ha definido como a la ausencia o disminución de atención. Según algunos estudiosos, la atención se define como un filtro de los estímulos ambientales. Entonces, el Déficit de Atención sería una disminución de los filtros de los estímulos ambientales.

Yo diría que calificar con un "Déficit", es muy subjetivo y, en su lugar, lo llamaría como un 'Cambio en la atención de los sentidos', definiéndolo como un aumento y sensibilidad de los estímulos ambientales, en donde cada individuo elige cómo expresar ese o esos eventos en su experiencia de vida.

Atención selectiva y arousal

Con el objetivo de explicar un poco más sobre lo que se considera atención, quiero mencionar una ley que es muy conocida, llamada la Curva de Yerkes–Dodson, donde como observamos en la figura, todos tenemos tres áreas de atención: una baja, una óptima y una alta, donde se compara el rendimiento con el Arousal.

El Arousal es una medición de la activación en el ámbito fisiológico y de los eventos internos de nuestro organismo, que tiene una relación directa con la atención y el rendimiento que nos dice el desempeño o conducta de una persona.

De acuerdo con esta ley, si estamos aburridos o sin motivación o interés, perderemos la atención o se verá disminuida. En su punto contrario, si tenemos una sobre estimulación de información, el estrés será tanto, que tampoco nuestro rendimiento será bueno, de hecho, será bajo también y terminamos cansados.

59

Solo hay una parte justo en el medio, donde es el punto óptimo de atención, donde el interés y la estimulación externa son balanceados, de tal modo que podremos tener mejores rendimientos en cualquier cosa que hagamos, estando atentos y motivados.

La atención selectiva nos dice que nuestro organismo procesa la información con base en los estímulos del medio. Por lo tanto, somos nosotros los que seleccionamos la información que nos resulta importante o interesante y desechamos la que no.

Los Niños de la Nueva Era cuentan con una sensibilidad extrema y a eso, si le sumamos la sobre estimulación de hoy en día con los medios tecnológicos, videojuegos, internet y un exceso de información, es mucha más su hipersensibilidad, causándoles o muy bajo Arousal (aburrimiento) o extremo Arousal (estrés), trayendo como consecuencia una baja atención y rendimiento. Y, muy probablemente, hiperactividad.

El aburrimiento o bajo Arousal puede causar depresión o baja autoestima. Y más porque la sociedad los comienza a calificar, empezando por los maestros, padres de familia o compañeros de la escuela.

Al verse diferente del resto, por no terminar las actividades impuestas en el colegio y su poco rendimiento en general, se les llama tontos, lentos, hiperactivos, distraídos, problemáticos, etcétera. Y de ahí en más, si los maestros se dignan a mencionar el Déficit de Atención y recomiendan medicamentos para 'solucionarlo', el niño siente que algo está mal en él, situación emocional que no ayuda para nada a su rendimiento y menos aún, al desarrollo de su potencial como ser humano.

Leyendo acerca del déficit de atención, con el ánimo de explicarlo mejor, me he encontrado con un artículo donde el autor incluía esta frase de un profesor experto en el tema:

"Acotó, asimismo, que la gran mayoría de estos niños se convierten en adultos creativos y productivos, y que se pueden adaptar mejor al trabajo que a las actividades académicas.

No obstante, hay que tomar en cuenta que, si este problema no recibe un buen diagnóstico, intervención y tratamiento desde la infancia, pueden aumentar los riesgos de alcoholismo, drogadicción y suicidio. También, los riesgos de tener una baja autoestima, depresión, ansiedad, bajo rendimiento académico, problemas en el aprendizaje de conductas sociales adecuadas, problemas judiciales, poca tolerancia a la frustración, malas relaciones y pérdida de puestos de trabajo."[6]

Este profesor habla del déficit de atención y de medicar a los niños, diciendo que, en su edad adulta, se convierten en individuos creativos y productivos, pero que pueden llegar a ser alcohólicos o depresivos. Claro... ¡Si no se suicidan en el camino!

¿Te hacen sentido sus palabras?

Seguro que sí, porque son niños medicados quienes, ya desde la etiqueta que les ponen, tienen algo diferente o un 'déficit' (que les falta algo).

Pero... ¿Qué les falta? ¿Qué necesitan? ¿Depender de algo para ser 'normales'?

Se trata de una fuerte expresión, pero es la realidad.

Todos estos niños medicados o incomprendidos pueden salir adelante y adaptarse a la sociedad como artistas, ser productivos y encontrar un trabajo o medio que los ayude a

---

[6] Stephen Brian Sulkes autor del artículo "Trastorno de déficit de atención/hiperactividad" (TDAH).

sobrevivir. Solo es cuestión de que encuentren su propia forma de aprender y trabajar.

La solución a la hiperactividad, al aburrimiento o a la depresión en los niños.

La pregunta no es si son hiperactivos o sin rendimiento en la escuela, pues los padres y maestros saben que existen ciertos niños así.

El problema es que parece que unas de las pocas forma de tratar de solucionarlo es con medicamentos, lo que los lleva a aprender que deben depender de algo o de alguien para sobrevivir en esta sociedad o a una depresión extrema por no encontrar los motivos de sus diferencias o falta de adaptación en el entorno en el que se mueven.

Aunque, al conocer la gráfica de Yerkes–Dodson y entender un poco cómo nos manejamos en términos de atención, podría parecer fácil ahora decir que, para encontrar el intervalo adecuado de rendimiento en esos niños, se puede observar aquel que se produzca en un grado de interés y motivación moderado, sin sobre estímulos o distracciones.

Debido a que necesitan concentrarse y enfocarse para aprender, es importante encontrar dónde y cómo obtener su atención selectiva para ayudarles a que la mantengan sin distracciones excesivas.

Así, podrán aprender y obtener mejores rendimientos en cualquier actividad que realicen y, obvio, en la escuela o trabajo en su etapa adulta.

Ya varios padres desesperados por ayudar a sus hijos a adaptarse a su medio, a sus escuelas o comunidades, que no están dispuestos a medicarlos, han comenzado a implementar métodos más efectivos, que les ayuden a enfocarse y a sobrevivir en esta sociedad.

Existe mucha metodología en la educación emocional, formas divertidas, creativas, reconocimiento de emociones propias y ajenas, formas de libre expresión constructiva como arte, dibujo, música, baile o buscar maneras de disminuir el sobre estímulo de información o la infoxicación, según Alfons Cornella[7].

Otro modo, sería buscar la comunicación abierta con los maestros y responsables de las escuelas para que adapten espacios dinámicos, como muchos establecimientos educativos que están ya abriendo sus puertas.

Un tipo de ellas son las Escuelas Montessori, así como otros nuevos modelos que se utilizan en países como Inglaterra, dedicados a estas nuevas generaciones de niños que vienen, tanto a cambiar estigmas, como a los viejos modelos de enseñanza.

---

[7] Alfons Cornella, Consultor de innovación de empresas de todo el mundo a través de su compañía Infonomia.

Una nueva perspectiva de quién soy y de cómo percibo el mundo

> *Yo soy parte del Universo*
> *y el Universo se encuentra*
> *en mi interior.*
> *Entro en mi Centro*
> *para vivir en carne propia*
> *mi unión con el Universo.*

Al paso de los años, al encontrarme con una necesidad de entenderme mejor en la aventura del reencuentro conmigo misma, comencé a entender cómo yo percibía el mundo y que, aunque pareciera tan extraña o diferente esa forma, era la manera perfecta para mí. Así fue como me propuse dejar de criticarme y de ser tan severa conmigo misma.

Quiero platicarte una experiencia que me hizo entender mejor:

En uno de tantos trabajos que experimenté en el mundo corporativo de Estados Unidos, me encontraba en un departamento de servicio al cliente junto a cientos de personas bilingües. Mi asiento era un mini cubículo de dos por dos y a mis lados se encontraban muchos individuos más.

De pronto, estaba en una llamada donde tuve que solicitar un traductor de japonés. Éramos tres personas en el teléfono. Yo hacía mis notas de la llamada en el computador, en inglés y, al mismo tiempo, buscaba la solución al problema del cliente y se la explicaba.

Simultáneamente, había dos compañeras, a mis dos lados, que se atravesaron por mi espalda y comenzaron a platicar.

Cuando terminó mi llamada, una de ellas me preguntó si había escuchado su historia. Por mi parte, le repetí palabra por palabra lo que había dicho, ella solo asintió y siguió con su trabajo. Me quedé súper sorprendida de haber podido tener esa amplitud de atención y memoria en un evento, que cualquiera hubiera considerado estresante y difícil o del que, por lo menos yo, no me creía capaz.

Escuchar, traducir y hablar tres idiomas al mismo tiempo, escribir y, además, recordar la historia que contaban en mi espalda...

¡Qué descubrimiento el de mi capacidad de atención!

Gracias a ese evento, pude finalmente entender, que no sufría de atención o déficit, sino que tenía mucha capacidad de retención, atención y memoria y que mis sentidos estaban tan expandidos que, con facilidad, podía captar mucha información a mi alrededor e incluso recordarla. ¡Y no solo en un idioma, en varios y al mismo tiempo!

¿Quién me dijo que estaba y vivía distraída y nerviosa? ¿En qué momento creí que yo era así?

No importa mucho realmente quién ni cuánto, lo fundamental es el autodescubrimiento de que, lo que otros consideran déficit, puede ser un aumento y no una falta. Puede significar que los sentidos y percepciones de algo están tan incrementados, que es difícil enfocarse en las diferentes situaciones que la vida presenta, por el exceso de información que llega.

¿Te hace sentido esto? A mí, muchísimo.

Al entender esto de mí, me hizo tener más confianza en mí misma y en mis habilidades. Mi autoestima incrementó mucho y la manera en que me creía ser, quedó atrás para siempre.

Hoy por hoy, sé y entiendo que soy un ser único, con muchas habilidades y que mi percepción del mundo puede ser muy diferente a lo que la mayoría de la sociedad a mi alrededor percibe, pero entiendo que el ser distinta no es menos ni más, no es malo ni bueno. Es solo interesante y excepcional.

Actualmente, me siento satisfecha y feliz con mi estilo muy particular de percibir la vida.

Así como mi historia, entre más pase el tiempo, habrá más niños con sus sentidos amplificados y malentendidos, lo que significa que esto se seguirá repitiendo miles de veces diariamente, con muchas etiquetas y con emociones malinterpretadas por la sociedad, hasta que sea tan fuerte la necesidad de apertura de nuevas metodologías, que no quede de otra que cambiar.

Te invito a ser parte de ese cambio, participa en grupos que promuevan nuevas metodologías y formas de aprender y de percibir a estos niños.

Ayúdame a promover el cambio y a concientizar a la humanidad que tiene a cargo la educación de esas nuevas generaciones.

Y, si ya eres parte de ese cambio, te agradezco infinitamente, porque ya eres un granito más en este inmenso mundo, pues tu apoyo se verá reflejado en una vida más feliz para algún niño o alguna familia allá afuera.

CAPÍTULO 4

LAS CREENCIAS Y LOS JUICIOS

En esta sección, hablaré de la importancia de nuestras creencias, las que realmente son un sistema muy complejo que se forma con todas nuestras memorias desde el momento en que nacemos, y de la influencia tan grande que tienen en nosotros, pero que no representan lo que somos originalmente.

Las creencias generan el mundo donde experimentamos la vida. Por ello, entre más conectados estemos entre la tierra y el universo, más entenderemos que cada lugar que pisamos, cada momento que experimentamos, es sólo la creación de nuestras propias creencias de quien somos, en un mundo donde venimos a aprender a ser humanos.

Lo que yo creía que era

Al paso del tiempo, el concepto que tenemos de nosotros se va modificando poco a poco, pero en nuestros primeros años de vida, es donde generamos o nos damos una idea de qué es lo que creemos que somos.

La mayoría de las veces, tenemos una idea muy errada de lo que realmente somos. Nuestra falta de autoanálisis nos hace perdernos en lo que nos rodea, incluyendo lo que otros piensan, si es que nuestra familia tiene una religión, un mundo de creencias que han sido utilizadas por siglos y siglos, generación tras generación, con una sensación de que no existe otra verdad que esas creencias.

Lo que vamos experimentando en nuestros primeros años de vida, también se va moldeando a ese sistema de creencias a nuestro alrededor. Nadie nos enseña que, la verdad única de cada ser humano se encuentra en nuestro interior, tampoco nadie tiene la verdad absoluta, porque no existe tal verdad.

Debido a que somos parte de un mundo lleno de muchos mundos que integran un todo, somos una pequeña parte de ese mundo de mundos, donde cada pedacito de nosotros es solo una porción de la verdad de esos mundos.

Es por eso, por lo que nuestra verdad nunca se verá igual a la de nuestro vecino, amigo o familiar. Quizá se parezca, quizás coincida en algunas cosas, pero cada ser existente en esta tierra tiene su propia esencia única, por lo que nuestra verdad será nuestra y solo nuestra.

Como seres humanos sociables, nos gusta sentir que pertenecemos a algo o a algún grupo, por lo que, nuestro sistema de asociaciones mentales nos ayuda a generar esos patrones donde sentimos que coincidimos con otros seres humanos y con sistemas de creencias similares a los nuestros. Es ahí, cuando creamos grupos familiares, políticos, religiosos, amistosos.

Al paso del tiempo, como vamos cambiando de sistema de creencias, así también se va modificando nuestra realidad, debido a que somos lo que creemos que somos, no lo que realmente somos.

Nosotros somos los creadores de nuestra realidad con base en nuestras creencias. Es por eso, que es importante hacer una pausa para analizar nuestro sistema de creencias y mirar en perspectiva lo que ha sido nuestra vida, lo que es en el presente y lo que será si seguimos con ese sistema de creencias.

Si lo que estamos generando nos gusta y nos sentimos completos y satisfechos con lo que hacemos, es una buena señal de que hemos hecho pausas constantemente para parar y reajustar el camino.

Si, por el contrario, no nos gusta nuestro pasado ni nuestro presente y menos el futuro que observamos, es muy importante hacer una pausa, analizar lo que podemos y deseamos, planeando las acciones a realizar que nos llevarán a lo que nos llene de gozo y felicidad.

Desde muy chica, tuve una habilidad para auto analizarme, me gustaba esconderme en espacios pequeños donde nadie me encontrara. Muchas veces le puse unos buenos sustos a mi madre, por no poder encontrarme, mientras yo, metida detrás de esos sillones reclinables, me sentía segura, pues me encantaba crear mis propias historias, de las que yo era la protagonista.

Al paso del tiempo, me di cuenta de que esa protagonista era mi yo real, el que quería salir al mundo a experimentar, a vivir y no aquella que se escondía y callaba.

Mientras tanto, también recibía el juicio, la crítica y la influencia de todas las creencias que me rodeaban y que comenzaban a formar la idea que tuve de mí misma por casi toda mi adolescencia y adultez.

Sin embargo, gracias a las filosofías y métodos para meditar que llegaron a mi vida, pude alinear esos caminos que creía tener ya definidos.

No fue nada fácil entender que todo aquello que yo creí ser, no era yo realmente.

La auto realización

Entiendo que, de un tanto a tanto, vamos haciendo pausas inconscientes, ya sea por problemas, por crisis o por situaciones que nos hacen recapacitar sobre lo que hemos experimentado y vivido a lo largo de nuestra vida. Aunque hay ocasiones, en que algunos eventos nos sacuden más que otros, por eso quiero platicar de mis más recientes realizaciones.

Me gusta participar en sucesos donde se trabaja a uno mismo, reuniones donde la autosuperación y la autorrealización son importantes.

En una ocasión, formé parte de un evento con unas amigas terapeutas, que me han mostrado mis más fuertes creencias de lo que no soy.

Explico un poco más.

En aquel evento, el objetivo era reconocer más quien somos y quien no somos, dejando atrás lo que creemos que debemos y no debemos de hacer.

Para mi sorpresa, me di cuenta de que aún cargo creencias muy fuertes de lo que aprendí cuando era adolescente en la filosofía de Mantra Yoga Meditación. Mi maestro Devanand decía que no había nada que pensar, nada que perseguir, que todo estaba en el silencio de la mente. Ahí estaba todo el ser.

Por muchos años, mi práctica de meditación fue muy consistente, pero con el transcurso de mi vida, los tiempos que dedicaba a meditar fueron disminuyendo. En aquel suceso, me di cuenta de que he ido modificando casi del todo esa práctica.

Una razón por la que puse mucho de lado mi práctica de meditación fue que dejé de accionar en mi vida, cuando meditaba. Dejé de vivir. Me perdía tanto en los mensajes del alma y del espíritu, que los anuncios del cuerpo no me llamaban para nada.

Cuando meditamos, comenzamos a tener una perspectiva de nosotros mismos que no recordábamos y entramos a un mundo que creemos mágico, por verse tan lejano a lo que creemos ser.

La realidad es que ese mundo mágico forma parte de nosotros, pero somos tan ajenos a esos espacios que, cuando los experimentamos, creemos que no son parte nuestra. Por el contrario, cuando entramos tanto a esos mundos mágicos, puede pasar que nos perdamos en esa magia, sin querer regresar al mundo material, que es donde venimos a experimentar.

En mi realización, hace unos años, cuando me dedicaba tanto a meditar y a guiar a otros, me di cuenta de que no estaba integrando mi cuerpo físico en toda esa experiencia. Es decir, ejercía mis viajes a los mundos mágicos del ser y me perdía en mi vida invisible, al grado que incapacité mi habilidad para crear mi realidad y tuve que buscar una dependencia de algo o de alguien, para sobrevivir en el mundo material.

Es ahí, donde pude entender por qué las obsesiones y dependencias del ser humano, no son tan absurdas ni ajenas a nadie, porque de alguna manera nos ayudan a sobrevivir.

El detalle es que estamos aquí no solo para sobrevivir, lo que traemos de los hombres de las cavernas y de los esclavizados que, para sobrevivir, tuvieron que escapar, escondiéndose de otros o se dejaron llevar por alguien más que los alimentara a cambio de un trabajo o dominio del ser.

Por lo que, por más de diez años, me he dedicado a ejercer mi vida desde lo material, recordando y re—aprendiendo a vivir. Obviamente, al pasar tanto tiempo sin ejercer mi propia vida, me ha costado mucho recorrer esos caminos, sintiéndome sola y sin apoyo por mucho tiempo.

Pero, la realidad, era que yo me había puesto en esa experiencia para aprender a vivir por mí misma, a ejercer mi propia humanidad, a cuidar de mí, amarme, a dar y a recibir en la misma proporción. También a regresar, de vez en vez, en mí, para analizar hacia dónde iba, para luego seguir ejerciendo mi vida en este mundo.

Lo curioso de todo esto, fue que mi vida espiritual me dejó tan alejada de mi vida material, que decidí cerrar casi la puerta en la cara a lo espiritual para solo seguir con lo material. Al paso del tiempo, mi necesidad de regresar a mi auténtico yo, a quien soy en realidad desde el corazón, me ha hecho entender que es momento para integrar mis dos experiencias, la espiritual y la material, porque mis caminos me piden volver al origen de mi ser, regresar a mi auténtico yo integrado.

Regresando un poco a lo que el Maestro Devanand decía, "nada que pensar, nada que perseguir", era lo que yo aplicaba muy bien en el mundo material, sin ejercer mi meditación, por lo que dejé de buscarme a mí en ella, solo desplegando mi ser en lo material, al grado de sentirme muy plena en mis acciones, mi carrera, mi familia y mi felicidad.

Todo lo que me rodea físicamente hoy, me hace muy feliz y me hace sentir plenitud, pero hay una parte que se ha encontrado dormida por muchos años, por lo que me doy cuenta de que es tiempo de abrir los ojos para, finalmente, integrar ambos mundos.

Es momento de regresar a ese universo mágico, donde lo invisible y lo visible se pueden unir para reencontrar a nuestro nuevo yo original. ¡¡¡Ya ha llegado!!! Y me honra poder identificar ese momento, que por tanto tiempo he esperado, preguntándome si hacía lo correcto en no hacer o hacer cosas del mundo y no del espíritu.

Ahora entiendo que todo tiene un tiempo en la tierra, que no es lo mismo que los no tiempos del espíritu.

Pero el cuerpo físico, necesita tiempo para integrar, experimentar, aprender y acomodar lo aprendido, pudiendo pasar en microsegundos o años. Todo depende del camino que elijamos caminar y de las personas que elijamos que caminen con nosotros.

Por lo pronto, te invito a ese autoanálisis de tu ser. Te invito a hacerte preguntas de tu yo original alejado de tus creencias de lo que eres.

Se puede decir fácil el hacer esto, pero quizá no lo sea tanto como aquí lo digo. Tal vez te sea muy fácil llegar a tu ser original con solo cerrar los ojos y reconocer tus latidos del corazón, porque es en él donde reside nuestro yo original. O quizás estés en la puerta de entrada a tu ser original y comiences poco a poco.

Lo importante es que estás leyendo estas líneas y que tú decidirás el mejor momento para comenzar a caminar hacia tu interior.

Por eso, el mensaje de vivir desde el corazón unido a la tierra, porque Pachamama[8] es la madre de nuestra alma que nos sostiene, para crear una vida en el mundo.

El corazón es el pulso de nuestra chispa divina, guiada por el espíritu que dirige lo que venimos a experimentar como seres espirituales encarnados.

Espero que, desde esta perspectiva, te sea más fácil encontrar la integración de tu propio yo original y, si existen dudas, estaré feliz de facilitar eventos, meditaciones, ejercicios o sesiones que te ayuden a encontrar tu ser original desde el corazón.

---

[8] Pachamama es el nombre de la deidad que representa la tierra, una diosa adorada por los pueblos de los Andes.

Las mater familias

Mi familia viene de un linaje de Mater Familias, donde las madres eran las líderes de sus casas, ya que, por mucho tiempo, los hombres se ausentaron por variadas causas. [9]

Una razón fue la revolución y los cambios de gobierno en México, que forzaban a los hombres a salir de sus pueblos o ciudades, para luchar por su patria.

Otra porque iban en busca de dinero o empleos que en sus pueblos no había. Podían influir las sequías y otros problemas climáticos y sociales también.

---

[9] Pieter Brueghel *the Younger* - *Proverbs (detail)* - WGA03627.jpg. *Free to use.*

Así pasó que las mujeres en México, por muchos años, lideraban sus casas y a sus hijos, lo que generó un desbalance en la familia porque, cuando los hombres regresaron, ya no eran ellos los que tenían la primera voz, sino sus mujeres. Esto causó que se convirtieran en los machos mexicanos, que ahora se conocen mucho.

En la casa de mis padres, venían liderando las mujeres de la familia por generaciones. Las abuelas eran las que mandaban en el sentido más amplio de la palabra. Eran mujeres muy fuertes, pero también muy amargadas o enfermas, por no tener una vida en balance con un hombre a su lado.

Por ser las mujeres fuertes y con voz y voto en la casa, también se dedicaban mucho a enjuiciar a otros. Las críticas de lo que debía o no ser, eran bastante marcadas por las reglas de la religión y por sus largos encierros con los hijos en casa, que les quitaban el sueño y les ponían muy hurañas.

La realidad fue generada por esos desbalances que, al paso de los años, han ido disminuyendo, aunque no totalmente y que ahora yo quiero cambiar, dejando mis vivencias y antecedentes para las nuevas generaciones.

Lo heredado en un viaje

Debido a que mi padre convivió muy cerca con su abuela, fue educado de una manera muy estricta. Dicha educación marcó mi vida en muchos sentidos.

Durante mi adolescencia, tuve muchas altas y bajas emocionales, aparte del divorcio de mis padres, por los cambios hormonales normales, las intoxicaciones, exposiciones del gluten y otros factores que disminuían mucho mi energía, y que hicieron que me llevaran a consultar a un doctor. El doctor mencionó que el problema podría ser mi tiroides. Fue por eso, que mi papá se ofreció a llevarme a otra ciudad, a que me realizaran estudios muy detallados para investigar qué me pasaba.

Recuerdo que entramos a un hospital y me tuvieron en estudios largo tiempo. Al recibir los resultados, nos dijeron que nada estaba fuera de lo normal, aparentemente.

Después, ya de regreso a la casa, tiempo en el que mi papá manejó por tres horas, no me dirigió la palabra en todo el viaje. Estaba muy molesto conmigo. Me puso en un autobús a la casa de mi mamá de inmediato y solo me dijo que estaba muy molesto porque yo era como mi madre, que trataba de manipular a los demás con mis mentiras. Eso me dolió mucho, porque no era mi intención manipular a nadie como él decía y menos que me llamara mentirosa.

Por muchos meses, mi papá no me dirigió la palabra y su actitud hacia mí siempre era muy severa. Pero después de hablarme y de repetirme lo que él pensaba de mí, me decía que confiaba en que yo seguiría mi camino, que estaría bien y que todo volvería a la normalidad. Y dicho y hecho, debido a que treinta años después, pude entender el origen de todos esos malestares y emociones que se guardaron por tanto tiempo.

Ojos que no ven, corazón que no siente

Mis padres se divorciaron después de cumplir quince años. La mayoría del tiempo vivía con mi mamá, aunque visitaba frecuentemente a mi papá. Para mí, él siempre fue un ejemplo a seguir en muchos sentidos: era muy disciplinado, muy trabajador y hacía ejercicio desde joven.

Yo lo adoraba y siempre fue mi héroe, pero al paso del tiempo, esa imagen que tenía de él fue cambiando porque constantemente, cuando lo visitaba, aprovechaba para hacer ciertas críticas sobre mí, casi siempre entre broma y broma, pero dejaba entrever que la libertad que yo ejercía, no siempre era apropiada para sus estándares, aunque era mi vida y no la suya.

De comentar sobre mi forma de ser, a veces pasaba a criticar mi manera de vestir o mi cabello, comentarios que no me agradaban mucho, pero que dejaba pasar porque justificaba que, en su caso, estos parecían un espejo de los juicios y críticas que él había recibido de cuando era niño.

Nunca me quedó claro si él era así con todas las mujeres que le rodeaban o si lo era más conmigo, por ser yo la más cercana y la que lo escuchaba. En cualquiera de los casos, no era lindo ser constantemente enjuiciada por lo que hacía o dejaba de hacer.

Por otro lado, yo vivía con mi mamá. Ella fue la segunda de siete hermanos. Mi abuelo murió joven y mi abuela no trabajaba, así que le tocó a mi mamá y a los tíos más grandes, ser el sostén financiero del resto de los hermanos. Mi madre creció con muchos talentos comerciales y estudió en escuela de señoritas, donde aprendió todo lo que se le ponía enfrente, ya que, a las mujeres en la familia, no las dejaban estudiar una carrera formal.

Desde muy pequeña, mi mamá sobresalió por su forma de vestir y sus peinados. Le gustaban los colores muy fuertes y llamativos. Cómo trabajó desde muy chica, podía comprarse lo que ella deseaba y eso le dio una perspectiva de vida diferente. Se casó muy joven y como a mi papá, por su trabajo, lo trasladaban mucho de ciudades, solo iban de visita en las fiestas familiares.

Una vez ya nacidas mi hermana mayor y yo, era normal que en las fiestas de fin de año, bodas y cumpleaños fuéramos a ver al resto de los primos, tíos, tías y abuelos. Era divertido viajar y una forma de salir de la rutina.

Debido a que de alguna manera no estábamos tan cerca del resto de la familia, el vivir lejos de ella hacía que pudiéramos distinguir ciertas actitudes que, en nuestro círculo más cercano, hermana, madre, padre, no eran tan comunes. Mi mamá era fiestera y llegaba con sus hermanas y hermanos con sombrero y música, siempre invitando a disfrutar.

Cuando regresábamos a nuestra vida diaria, ya no había tanta fiesta, pero tampoco formábamos parte de las riñas familiares, de los enojos y de las críticas internas, las que no alcanzábamos a escuchar.

Las murmuraciones se hacían cuando nosotros no estábamos, por eso nunca pensé que eso nos afectaba, ya que mi mamá decía:

—Ojos que no ven, corazón que no siente—.

Yo totalmente lo creía, porque una vez fuera del círculo familiar y de las diferencias, ya no nos llegaba ese caos. Pero, con el paso del tiempo, entendí que esas críticas, juicios y habladurías buenas y malas, sí nos llegaban de una forma u otra, incluso nos afectaban aun cuando no las escuchábamos o sabíamos que existían.

Los juicios que bloquean nuestras vidas

Ya en el tiempo en el que vivía alejada de mi familia, me daba cuenta de que había situaciones que me llegaban de una u otra manera, aun no viviendo cerca y que me afectaban muy fuertemente.

Experiencias que me dejaban en *shock* o con una emoción muy fuerte que me marcaba para siempre, con programas subconscientes de los que difícilmente me daba cuenta, si no trabajaba constantemente en mi autoanálisis. Por ejemplo, vivencias de mi adolescencia o situaciones que me dolían demasiado, como un simple comentario o una carta que me afectaría por décadas.

He aquí algunos ejemplos:

—¿Vas a salir con esa ropa?—.

Recuerdo una vivencia como si fuera ayer. Yo estaba lista para salir y me fui a despedir de mi mamá. Ella lavaba los platos y me miró de lado, diciéndome:

—¿Vas a salir así?—.

—¿Así cómo?— pregunté.

Según yo, nada erróneo había en mi vestir. Entonces, me dijo que había recibido comentarios de los vecinos, acerca de que sus hijas no se vestían como ella, que siempre estaba tan arreglada. Me hizo regresar a cambiarme los pantalones y los tenis.

Desde entonces, no usé nunca más tenis, pants, cachuchas o gorras para salir, solo los usaba para hacer ejercicio, porque eso era estar mal vestida, para los estándares de mi mamá. Aparte, desde ese día, me quedó la idea de que yo no sabía vestirme bien y de que me veía mal con tenis y pants.

Todo ese tipo de experiencias de chicos o adolescentes, van marcando la forma en que pensamos de nosotros, creando programas que vienen de las creencias y juicios de otras personas a nuestro alrededor, las que hacemos nuestras o modificamos de acuerdo con nuestra lógica o forma de ver o percibir la vida.

La carta

Un día, mi esposo me comentó que sería bueno invitar a la familia a nuestro nuevo hogar. Mi papá ya vivía con su tercera esposa y decidió venir a visitarnos con ella.

Yo ya conocía a la señora, pero no era muy cercana a ella ni sabía de sus modos o formas de vivir. Pero no me parecía mala idea aprovechar la ocasión para convivir y conocerla un poco más.

Ese viaje me mostró que, la persona que vivía con mi padre, era muy diferente a lo que yo conocía como mi padre. Su relación era ya ajena a mí y a mi familia, razón por la que fue algo incómodo convivir en aquella ocasión.

Una vez que se fueron, me sentí en la necesidad de escribirle a mi papá una carta, donde le expresaba mis sentires y que me preocupaba que esa relación no le hiciera bien.

Lo que vi realmente en esa visita de la pareja de mi padre, era que ella estaba celosa y se comportaba como una niña. Primero llegó ofreciendo su ayuda en la cocina, pero hacía mucho desorden y, al final, yo terminaba limpiando lo que ella limpiaba, por lo que, en vez de ayuda, se convirtió en más trabajo.

Le pedí que mejor disfrutara su estancia en casa y no me ayudara más, pero lo tomó personal, sintiéndose rechazada. Desde entonces, no quiso comer nada en mi casa y se encerró en su cuarto hasta que fue tiempo de irse.

Realmente me pareció una persona muy inmadura, con poca educación y muy irrespetuosa, ya que nosotros le ofrecimos nuestro cuarto y nuestra casa en su estancia y nada de eso pareció valer para que, de ahí en adelante, solo hablara mal de mí a sus hijas y familiares. Y, por supuesto, también comenzó a influir en el pensamiento de mi padre hacia mí.

En la carta, aproveché para contarle un poco de mis habilidades para leer a las personas, pues en ese tiempo me había licenciado para leer los Registros Akáshicos y entendía un poco más sobre energías y bloqueos, por lo que traté de decirle lo que podía arreglar en él. Pero, claramente, no supe expresar mi buena intención, por lo que mis palabras, en los oídos de mi papá, sonaron a juicio y crítica.

Después de que él recibió la carta, por largo tiempo, nuevamente no me dirigió la palabra. El proceso de duelo que pasé por tantos años, fue muy doloroso, pues en un principio, yo no entendía por qué no contestaba mis llamadas.

Primero pensé que algo le pasaba, pero después, mi hermana le dijo a mi mamá, que mi papá estaba muy molesto conmigo y entendí que era él quien no quería hablarme.

Muchos años pasaron en los que, cada vez que intentaba acercar a mis hijos a mi papá, él me rechazaba y se negaba a vernos.

Ya pasados más de diez años desde la carta, decidí llevar a mis hijos a ver a mi mamá y a mis familiares en México. Una vez allí, hice una parada cerca de mi papá, quien aceptó vernos en un parque.

Al final del día, me pidió hablar conmigo y me dijo que aún tenía la carta que yo le había escrito y que, de vez en vez, la sacaba para recordar lo mala que yo era con él. Traté de explicarle que lo amaba y que lo que había dicho en ese otro tiempo, ya no era como lo entendía ahora, pero ni siquiera me dejó hablar.

Me dijo que las puertas de su casa estaban cerradas para mí y que, si yo quería, podía hablarle de vez en cuando para preguntar por él. Le pregunté si podríamos arreglar eso y me dijo que nunca más y que si él quería me contestaba o no.

Entonces, le dije que, si estaba condicionada a solo llamar para preguntar por él, sin entrar en su casa, ya nunca entraría no solo en su casa sino tampoco en su vida, ya que no entendía que viniendo de un tronco familiar donde mi abuelo nunca le había cerrado las puertas de su casa a nadie, ¿cómo era que él me cerraba las puertas de su corazón a mí?

Me di la vuelta y nunca más he regresado a ese capítulo de mi vida. Con el paso de los años, fui entendiendo la razón de que me cerraran ese amor que con tanto cariño recuerdo de mi infancia, porque detrás de esos recuerdos, había charlas que hablaban de lo que supuestamente yo hacía. Existieron historias falsas que caminaron en los oídos de mi padre, de las cuales me enteraba por oídos de mi mamá y de mi hermana.

Ya han pasado muchos años y, junto con ellos, el duelo de haber perdido algo que no entendía del todo, tan solo pensar que una carta nos hubiera separado de esa forma. Y más, que no existía la posibilidad de aclarar lo que en algún otro tiempo escribí.

Era pensar que, en realidad, mi papá nunca me amó o que su resentimiento y forma de enjuiciar lo que él creía impropio o inadecuado, era mucho más grande que lo que pudo quererme. Esto me impidió, por muchos años, entender del todo esa actitud de ausencia y quizá sea una cicatriz que llevo con orgullo de decir que mi amor por él sigue igual y que vive en mis recuerdos de cuando era su hija favorita, que paseaba con él en nuestros viajes de aventura. Así se queda en mi memoria.

Las mentiras detrás de la manipulación

Hubo muchas historias de mí que se hablaron a mis espaldas y que quizá se sigan hablando, de las que, con el paso del tiempo, algunas me llegaban algo cambiadas y nada parecidas a mi realidad. Pero no había con quien aclarar, los oídos de mi padre estaban cerrados.

Al correr el tiempo, entendí que no tenía necesidad de aclarar nada a nadie y menos a alguien que no quería escuchar, por lo que dejé de llorar esa pérdida. Lo que no puedo dejar de lado, es la causa de ese extravío que aquí te cuento.

Una de las mentiras más grandes que pasaron por los oídos de mi padre, fue acerca de las supuestas razones de mis problemas y la causa principal de mi divorcio.

Un domingo, hablando con mi mamá, me dijo que unos familiares nuestros habían dicho que yo era la causa de mi separación. Que mi esposo se había separado porque yo era mala esposa, que estaba con hombres y que los metía a mi casa donde estaban mis hijos.

Uno de los pilares que ha forjado mi vida, ha sido la integridad como persona, madre y esposa. Siempre he sido muy fiel a mis principios y valores y, mi matrimonio, no fue la excepción.

He cuidado a mis hijos bajo miles de problemas y carencias, pero nunca puse de por medio su seguridad ni la de mi relación con su padre por lo que, escuchar de mis familiares decir que yo engañaba a mi esposo y descuidaba a mis hijos, ha sido uno de los juicios que más me ha dolido en el transcurso de mi vida.

Otro comentario que ha sido motivo de duelo, es la locura que me carga. O me carga la chin[10]... Locura. Me dijeron loca, como una canción. "¿Qué loca hace eso?". "Si el exmarido está con ella por sus hijos". "Qué considerado el exmarido, que toma la carga de tener a una mujer tan loca por el amor a sus hijos".

Otro comentario que me llegó: "Fuiste tú la culpable de tu divorcio, tan inconsciente, que te envuelves con el que sea a espaldas de tu esposo, con tantas locuras en la cabeza".

¡¡¡Qué mentiras más grandes las de ellos, que se dignaban incluso a decírmelo en mi cara o hablar a mis espaldas, fines de semana enteros!!!

¿Creían que tenían visores para saber precisamente lo que pasaba detrás de las puertas de mi casa?

---

[10] Inicio de la palabra chingada. Referencia en Glosario

Yo podía entender el chisme y las habladurías de cualquier persona que no me conociera de cerca, ¿pero ellos? Ellos quizá nunca me conocieron del todo. Siempre veían los espejos de sus propias vidas, no la mía y así, encontraron a quién echarle sus miserias para justificar las suyas.

Pero lo más importante aquí, no fueron las mentiras ni las calumnias que se repitieron entre ellos y quizá alguien más. Lo que nunca entendía, era por qué yo no tenía confianza para hablar al público y por qué me era tan importante lo que otros dijeran de mí.

Me daba pánico pensar que, si hablaba de mis conocimientos de los Akáshicos, me dijeran loca. En cuanto tenía una oportunidad para enseñar lo que aprendía de las energías, los espíritus y los bloqueos, más me llegaban otra clase de oportunidades para desarrollarme como profesionista o como abogada en Estados Unidos, y rápidamente huía con el pretexto de que el trabajo me daba de comer y me evitaba los juicios.

La realidad era que, desde niña, me enseñaron que debía callar cuando los padres te hablan, pues si intentaba decir algo era severamente castigada y que, si daba mi punto de vista o mi perspectiva, era juzgada como insensata y loca, así que, ya de adulta, cuando recibía insultos o juicios, los aceptaba inconscientemente.

Al admitir que otros hablaran de mí y sus palabras, estaba negando la oportunidad de utilizar mi propia voz, ya que aceptaba callarla, dejando que otros hablaran por mí de lo que era mi vida y lo que era bueno o malo, lo que debí o no hacer, lo que hice o dejé de hacer. Es decir, dejaba que otros definieran quién era yo, aceptando sin objeciones, pensando que, el que hablaran, no importaba.

Por eso, es importante hacer cierres cuando hay procesos, además de analizar todo el antes y después de cerrarlos, para realmente aprender de la experiencia.

Y es así, como hice mi cierre.

El cierre

En los años recientes, el duelo que atravesaba por la pérdida de la relación con mi papá no era tan pesado. Solo quedaban los recuerdos del ayer con nostalgia, pues era como una persona que se va para siempre. Así lo veía: como una más de las que pasaron por mi vida y no se han quedado en ella.

Pero lo que nunca conté, fue que él no había cerrado su ciclo. Y ciclos sin cerrar, regresan a ti de una u otra forma.

Solo quedaba que yo finalmente usara mi voz, aun sin querer ser escuchada.

Llamé a mi padre.

Como siempre, la llamada se fue al buzón de voz, por lo que le dejé un mensaje diciéndole todo lo que lo amaba, pero que yo no estaba dispuesta a saber de una calumnia más sobre mí, que ya estaba harta de escuchar falsedades sobre mi vida y que quiénes eran ellos, creyéndose impunes y dignos de enjuiciar, como si fueran puros y sin nada que ocultar.

La rabia y el enojo de todas las ocasiones que lloré por mi pérdida, se juntaron en ese momento. ¡Ya era suficiente que hablaran de mí! Ya estaba demás tener que explicar que soy una adulta y que nada de lo que hago requiere de una explicación a nadie. Que esta vez era yo quien decía: "¡Alto, ya!", a esta relación sin vida, sin fondo, sin motivo ni causa para mantener ese espacio vacío.

¡Por primera vez, me sentí libre y pude utilizar mi voz!

Pero tuvieron que pasar muchas cosas, muchos eventos, muchos años, para que, al fin, comenzara a ejercer mi voz sin temor a perder algo valioso, a ser enjuiciada o criticada severamente o a ser llamada mentirosa, loca o más.

Con todas esas experiencias, entendí que, hiciera o no hiciera nada, mi presencia y mi vida eran, para algunas personas, una justificación de sus propios mundos alterados, con poco valor para enfrentarse a sí mismos y que nada tenían que ver sus comentarios conmigo.

Finalmente, comprendí que no importa lo que digan o no de uno, porque es uno el que debe mirarse continuamente y reconocer quién es y cómo va cambiando.

Debes aceptar tus errores y procesos y nunca ponerte debajo de nadie ni aunque sean tus familiares, amigos o gente que amas. Porque tu amor debe ser primero por ti, así como el respeto y los límites, los que deben ser claros para ti y no para nadie más.

Oídos que no escuchan, corazón que sí siente

Desde que me divorcié, sentí que ya no podía ayudar a otros en sus procesos, porque aquella etapa en la que entraba en ese momento ocupaba mucho de mí. Además, con el juicio que hacía de mí misma, me preguntaba con qué insensatez intentaba ayudar a otros cuando no entendía cómo me ayudaría a mí misma. Así que dejé, casi totalmente, de ofrecer mi apoyo a los demás.

De repente, extrañaba la conexión que había tenido con tantas personas y lo bello que era compartir la que tengo con la tierra y las energías. Pero cuando intentaba crear un curso o hablar de algún tema, algo pasaba por lo que parecía que yo era invisible. Nadie escuchaba mi voz, no tenía espectadores o eran muy pocos.

Una y otra vez se repetía que, tratando de dar meditaciones o de enseñar sobre los bloqueos, algo no me dejaba avanzar. Me repetía que no era importante lo que otros pensaran de mí, sino lo que yo pensaba de mí, pero nada funcionaba.

Solo seguía con más oportunidades para crecer en lo profesional, pero en esa otra parte, donde podía ayudar a otros, estaba bloqueada.

Es que algo empezó a ser un patrón constante en mis experiencias diarias, por lo que comencé a analizar más y más las mías de co−creación. Realizaba lecturas, pedía ayuda a mis amigas terapeutas, coaches y psicólogas. La respuesta siempre era que yo tenía la llave para seguir.

¿Qué llave abre esa puerta? ¿Qué debía hacer?

En mis meditaciones, me llegaba que todo estaba bien y que solo siguiera avanzando y analizando mis sentires.

Siempre me he considerado una persona feliz, me gusta sonreír y ver los tonos del día a día, simplemente como experiencias de vida. Pero había algunos momentos en los que tenía ciertas emociones extrañas que no parecían venir de mí.

Un día, comencé a tener muchas alergias y gripes, las que con nada se me quitaban, ni con vitaminas ni con buena alimentación, aunque dormía y meditaba. Nada funcionaba.

Aparte, me dolía mucho mi brazo derecho hasta que no pude moverlo. ¡No lo podía ni levantar! Fui en busca de un especialista y me ayudó bastante su terapia, pero cuando el terapeuta estaba vendando mi brazo, tuve una visión de mi cuerpo dentro de un traje que impedía que me moviera, como los sacos que le ponen a los locos con los brazos atrapados.

La sensación que tuve me dejó pensando lo extraña que me sentía realmente, mi brazo no se aliviaba del todo ni mis alergias, y me sentía como si me hubieran metido en esa camisa de fuerza.

Busqué información sobre la Biodescodificación[11] y encontré que el brazo derecho, si somos diestros, es el centro donde damos y el izquierdo donde recibimos. Por lo que me preguntaba: ¿qué era lo que me impedía dar y qué me lastimaba?

Ese domingo, como casi todos los domingos, llamé a mi mamá para saludarla y verla por videollamada. Me dijo que se sentía muy triste porque alguien había visitado a mi papá y que, cuando llegó, de lo único de que le había hablado era de mí, de lo loca que yo era y que me debería meter a un manicomio.

Después de ese comentario y al terminar la llamada, pude finalmente entender una parte del porqué me veía yo con una camisa de fuerza, porque esa era la intención en las palabras que me llegaban, sin escucharlas, aunque yo las recibía y aceptaba. (Espero que esta parte le pongas atención) La repito: **yo recibía y yo aceptaba sin saber ni escuchar lo que otros hablaban de mí.**

Eso que aceptaba, me lastimaba tanto, que me impedía dar, lo que me producía que realmente me doliera el brazo a tal punto, que no lo pudiera mover. Yo no podía dar amor a mi padre ni a otros. Aceptaba lo que ellos decían y, al mismo tiempo, me hacía daño.

¡Qué descubrimiento aquel, que me llevó a conocer la causa de mi dolor! Terminé el ciclo con la llamada a mi papá y cerré el capítulo del dolor físico. El brazo dejó de dolerme totalmente.

¿Y mis alergias? ¿Qué hacía que tuviera tantas alergias a todo? Buscando más información, encontré que las alergias, según las versiones médicas que han sido estudiadas muy a fondo, comentan que nuestro cuerpo detecta un elemento o

---

[11] Biodescodificación: Glosario

alergeno con el que considera es 'peligroso', al que le llaman fase muda de identificación del agresor.

Al entrar al organismo, nuestro sistema inmunológico lo registra y comienza algo llamado biochoque. Es decir, la memoria de un evento específico conectada con una emoción, hace que nuestro cuerpo reaccione a la fase ruidosa donde tenemos síntomas para evitar que el agresor nos haga daño, ya sea en la piel, en los ojos, en el estómago, en la nariz o en la garganta.

Por lo que, hilando todos los eventos por los que he atravesado, he descubierto que mis alergias siempre fueron generadas porque me sentía desprotegida y sin apoyo. Vivía en peligro todo el tiempo.

Peligro de situaciones familiares (gluten, pan = familia, ambiente y cohesión familiar). La mayoría de las alergias tienen relación, según la Biodescodificación, con la separación de alguien o algo.

En mi caso, estoy aprendiendo que, en mi subconsciente, siempre siento que estoy en modo de supervivencia. Es decir, me tengo que estar cuidando de no morir, por los muchos agresores que tengo a mi alrededor, impidiendo mi independencia y vivencia plena.

Al encontrarme en ese estado, en cuanto hago la asociación de algo que me trae el recuerdo inconsciente de que está relacionado con un agresor que me puede hacer daño, mis alergias comienzan de una, en los ojos, nariz y garganta.

Si alguien me pregunta, ¿cómo estás?, la primera palabra que me viene a la cabeza, es "sobreviviendo", porque estoy condicionada a que tengo tantos factores que me atacan, que debo de estar en modo de supervivencia todo el tiempo.

Al tener que mantenerme así, mi cuerpo siempre está susceptible a enfermarse. Si me siento desprotegida, si entro en contacto con el gluten o al estar ese agente externo acechándome todo el tiempo, este debe guardar reserva para poder sobrevivir, dejándolo en estado inflamatorio todo el tiempo o guardando energía suficiente para poder vivir, como si estuviera en peligro de que la energía se me acabara. Por eso, no puedo bajar de peso.

¡Eureka!

He descubierto por qué no puedo bajar de peso, porque necesito guardar algo que me dé la confianza de que puedo sobrevivir, acumulando el extra en mi cuerpo físico.

¿Esto por qué? Por miedo a morir, a ser abandonada, a ser separada de lo que amo, al dolor, a repetir lo vivido, a la crítica de lo erróneo de mí, a no ser aceptada por quien más amaba, a no ser amada, a ser rechazada, a quedar expuesta para que otros se burlaran de mí, a estar desprotegida y a ser vulnerable y expresar mis emociones o sentimientos a otros.

Y al tener miedo a todo, niego mi propio poder de supervivencia, pensando que en el mundo no estoy a salvo. ¡Qué ilusa yo, pensar algún día que no tenía miedo a casi nada!

Ahora me río de mis propios comentarios inconscientes. Al contrario, mi subconsciente estaba lleno de miedos invisibles y no sabía realmente cuáles eran, todo me atacaba.

Para contrarrestar toda esta programación inconsciente, primero necesitaba tomar consciencia de cuándo fue la primera vez que viví esas alergias, cuál fue la reacción alérgica y la zona que afectaba, buscar la fase silenciosa y el ancla que se asociaba con la emoción al evento.

En mi caso, existieron una serie de vivencias en mi infancia y adolescencia que mantenían esa programación activa hasta llegar a un estado de inconsciencia, donde mi cuerpo se mantuvo en el de supervivencia hasta la actualidad.

La ventaja de haberme dado cuenta de todo esto, es que entendí que no estoy siendo atacada ni que mi vida se encuentra en peligro, sino que ya no necesito mantener ese estado ni tampoco guardar energía para sobrevivir.

Desde el instante en el que me di cuenta de que estoy a salvo, me repito a mí misma que me libero de todos esos miedos que por tantos años me han impedido ser la mejor versión de mí misma.

Finalmente, viviré como tanta gente decía que yo era. Viviré libre.

Mi padre siempre me decía que él me veía tan independiente que no necesitaba nada. Si él realmente supiera lo que sentía, que era vulnerabilidad a no ser independiente y a morir, si él realmente supiera que lo que más necesitaba era de su amor, su protección y su atención.

Si yo hubiera entendido que he vivido por tantos años con miedos tan infundidos en mis células, hubiera podido vivir un poco más sana, sin tantas enfermedades y dolores.

Pero el hubiera no existe, lo que existe es el hoy. Hoy por hoy, elijo amarme libremente sin juicio de lo erróneo de mí y elijo sentirme segura en este mundo lleno de elementos que no me atacan. Me aman, me acogen, me arropan, me dan vida, me dan alegría, me dan esperanza y amor.

Por eso, descubrí que después de miles de terapias, afirmaciones aclaradoras y técnicas de sanación y liberación de energías, no es necesario quitar nada; no es necesario cambiar nada, sino transformarlo; no es necesario sanar nada, porque no estamos enfermos.

¡Estamos programados!

Y es tan sencillo desprogramarlo, que te daría risa si te cuento, lo rápido que podemos transformar años de trauma y drama.

Yo lo he hecho y lo sigo haciendo, porque la vida consiste en eso, en vivir y experimentar, analizar, descubrir, aprender. Quizá más adelante descubra algo más en mí. Me decía una amiga; que vamos quitando capas como en la cebolla, hasta quedar casi en el corazón de esta, la que, de vez en vez, si la cortamos, nos hace llorar.

Porque somos humanos llenos de motores, energías, conciencias, sensaciones y emociones, un cuerpo tan complejo y mágico que se maneja divinamente sin tener que apretar botones. El problema es que, ese auto manejo, nos hace mantener las antenas apagadas.

Yo me propongo día a día, prender mis antenas, lo que me hace ser quien soy y por eso ahora estoy feliz de poder expresar esta historia que, por años, me ha trabado e impedido ser yo, a mi máxima expresión y dar más de lo que soy a otros.

Quiero hacer hincapié en que, todo eso que vivimos desde chicos o que en nuestra edad adulta o en cualquier tiempo durante nuestra vida hemos adoptado como nuestro, podemos transformarlo a nuestro favor para ser más nosotros. Sin modificaciones, sin necesidad de adaptarnos a los otros para encajar, para no molestarlos, para mantener una relación.

La mejor noticia de todo esto, es que aun con miles de juicios a nuestra espalda, de historias falsas o no, de lo que somos, de programas que adoptamos, de temores infundados o que fueron en su tiempo reales para nosotros o muy traumáticos, podemos usar todo eso, todas esas palabras y episodios que pueden llegar a ser pesados y dolorosos, transformándolos en algo ligero y divertido.

Una de las técnicas que aprendí y sigo aprendiendo, es la de *Access Consciousness* creada por Gary Douglas,[12] la que

---

[12] Gary Douglas, conferencista internacional e innovador de negocios, fundador de *Access Consciousness* Movimiento global y autor *Best Seller* del libro "*Access Consciousness*".

diariamente utilizo para transformar miles de estados del pensamiento en formas divertidas y ligeras.

Puedo decirte, que hoy por hoy, que estoy feliz de haber pasado por las experiencias de vida que he tenido, buenas y malas, ligeras y pesadas, porque gracias a ellas y a los duelos por las pérdidas, soy quien soy ahora.

¿Y tú? ¿Has encontrado la fórmula para tener una vida más ligera y sin juicios de lo que eres o dicen de ti?

CAPÍTULO 5

LA DIFERENCIA CULTURAL

La discriminación y los restaurantes

No sé si todos los seres humanos hemos vivido alguna situación donde otros nos han hecho menos, se han burlado de nosotros o nos han faltado al respeto, pero desde mi muy personal punto de vista, creo que casi todos hemos pasado, alguna vez, por situaciones similares.

Es por eso, que quiero traer a la luz en este capítulo, la importancia de tomar en cuenta las diferencias culturales y nuestra forma de tratar a los demás y de ser tratados, ya que para unos algo que es normal, para otros puede ser una total falta de respeto, lo que provoca situaciones que pueden causar un disgusto innecesario.

¡Qué triste ver racismo y falta de respeto de sangre!

En el transcurso de mi vida, he tenido experiencias de burla e incluso de racismo, pero nunca había sido algo que me hiciera reflexionar al respecto, tanto como el día que salimos a comer con la familia.

Una tarde, tiempo que nos gusta convivir con los hijos, fuimos a un nuevo restaurante latino. Todos en la familia disfrutamos de convivir fuera y de una buena comida, más cuando se trata de diversidad y cultura en la cocina. Lo que nunca imaginamos, fue que la experiencia, que por lo general la tenemos positiva, se fuera a convertir en una situación embarazosa e incómoda.

Entramos al restaurante latino de alta cocina. La luz tenue y la música tranquila nos invitaban a ese lugar. Nos ofrecieron la carta. Ordenamos las bebidas y la comida.

No había mucha gente, tres o cuatro mesas con pocas personas. Comenzó a pasar el tiempo y, aunque disfrutábamos de la plática familiar, empezamos a observar que nadie se acercaba a nuestra mesa a ofrecernos más agua u otras bebidas. Ya había pasado una hora y ni la comida ni persona alguna, llegaba hasta nosotros.

Los que estaban sentados a las mesas situadas a nuestro alrededor, tenían todo servido. Nosotros éramos los únicos que no habíamos recibido ni comida ni bebida, después de más de una hora esperando. Notamos que los meseros estaban evadiendo ir a nuestra mesa, por lo que estuvimos a punto de levantarnos e irnos. Pero mi intuición y mi voz, salieron al paso.

—Disculpe— le dije —¿Hay algún problema? Es que nadie se acerca a ofrecernos otra bebida. ¿Y qué pasa con la comida?—.

El mesero dio una excusa sin sentido, diciendo algo acerca de una de las salsas de uno de los platos que ordenamos, pero al segundo, todo lo que habíamos pedido, se encontraba servido.

Una vez los platos estuvieron en la mesa, miramos a los meseros y todos se encontraban reunidos en una esquina, haciendo comentarios entre ellos. A modo de burlas y risas, nos miraban.

Las conclusiones que obtuve gracias a mi intuición, acerca de los hechos que habían provocado tanto la tardanza de la comida como la falta de atención a nuestra mesa, fueron confirmadas. Esa gente nos había, intencionalmente, evadido y retrasado nuestra comida, evitando servirnos.

Un fuego más intenso me llenó.

¡Qué penoso fue para mí!

Porque vi a personas inmigrantes como nosotros, que compartimos no solo la experiencia de vivir en otro país que no es el de origen, sino también la lengua y el conocimiento de cómo se vive en otros lugares del tercer mundo, ser tratados como extranjeros y recibidos de una manera irrespetuosa, por la falta de atención en uno de los que se dicen "restaurantes de alta cocina".

Para mí, ellos mostraban su falta de amor propio a sí mismos y a su país de origen, falta de educación y buenos modales hacia los demás. Y, lo más obvio, su falta de respeto a su propia gente y linaje.

¡Qué pena verlos reír de algo por lo que deberían sentirse avergonzados, haciendo de este mundo un lugar incómodo, en un restaurante incómodo, en una cena de incertidumbre!

Era como presenciar la ignorancia e inmadurez en personas que se supone que, por su trabajo, deben ejercer con la frente en alto, un buen servicio.

Lamentablemente, yo me he quedado con mal sabor de boca y con una mala imagen de la gente de ese país, cuestionándome si todos serán así o si solo era que habíamos tenido "la suerte" de ir a ese lugar, donde resultó ser un día para burlarse de otros.

Tiempo atrás, ya habíamos ido a otro sitio de comidas de ese país, en el que tuvimos un incidente similar con la mesera, puesto que cuando mi hija tosía al efecto de unas frituras que habían puesto en la mesa, sin más nos preguntaron si ella tenía COVID[13], porque se veía en malas condiciones y que si era así, no podíamos comer ahí. Otro momento incómodo donde solo respondimos:

—No, solo ha tosido por la comida—.

¿Será que tiene que ver con ese país específico, la manera que tratan a sus clientes o a su gente? ¿O será solo que la diferencia cultural lo hace ver más obvio?

No lo sé, pero yo vengo de un país en el que todo se permite, hay mucho abuso, corrupción y mal uso de la voz. La gente tiene temor de hablar, puesto que aquella persona que habla, es castigada por tratar de ejercer el poder de su voz.

Aunque nuestras leyes establecen que tenemos "libre expresión", nuestras autoridades ejercen el control sobre aquellos que puedan utilizar su voz propiamente, por lo que es un modo de sobrevivencia en países del tercer mundo, que te

---

[13] COVID: Glosario

hace aprender a callar cuando quieres hablar. Pero, si no hay opción, vas a tener que utilizar tu voz a modo de obtener un bocado en tiempos de hambre.

La falta de consciencia de miles de personas en países de todo el mundo, es algo que se vuelve 'normal', hablando poco de temas delicados porque, cuando lo hacen, o son castigados o son enjuiciados por el resto de la sociedad.

¿Cuándo vamos a entender que el otro, que se ve diferente o que habla otro idioma, es un ser humano como nosotros? ¿Cuándo adaptaremos la civilidad y el respeto por los demás, no importando lugar, clase social ni posición? ¿Cuándo seremos empáticos con nuestra propia sangre, aplaudiendo nuestros triunfos, en vez de criticar algo que no conocemos o nos da temor?

Al paso del tiempo, he descubierto que es muy importante usar tu voz. En mi caso especial, me forzaron a callar cuando quería expresar mi opinión. No solo me castigaban por hablar, sino que también me juzgaban muy severamente por expresar mi sentir.

Pero con el paso de mis experiencias, he descubierto que parte de mi propósito de vida es usar mi voz correctamente y, en este caso, mi tono y mi volumen tenían una razón de ser.

Por eso, si alguna situación similar nos sucediera nuevamente, yo volvería a usar mi voz con el mismo tono y volumen. Es a esto a lo que le llamo: el uso correcto de tu voz.

El uso de tu voz correcta

¿Por qué usar nuestra voz y a que le llamó "usarla correctamente"?

En el caso que menciono del restaurante, ¿cuántas personas más tendrán la experiencia que nosotros tuvimos o incluso peor?

Si yo no hubiera levantado mi voz y expresado mi inconformidad, ¿qué hubiera sucedido?

No solo le pregunté al mesero, esa noche, qué estaba pasando, sino que, llegando a casa, escribí un largo correo a su sitio web, dejando una mala reseña en Google por la experiencia vivida, esperando que la situación llegase a oídos del dueño y que, al menos, trajera a la reunión antes de comenzar el día, de lo que es tener un buen servicio al cliente no importando raza o color. Así, me aseguré de que mi voz se hiciera escuchar, previniendo situaciones similares más adelante.

No hay algo más claro que tengo, que es el uso de la voz consciente.

¿Qué quiero decir con esto?

Cuando hacemos uso de nuestra voz, no solamente emitimos sonidos desde nuestra garganta hacia afuera, sino que, cada emoción y entonación que le agregamos a nuestras palabras, hace de ese vocablo, uno único en su existencia, así se repita miles de veces. El sonido dirigido por una energía e intención puede tirar paredes, cambiar naciones, iniciar guerras o crear nuevas consciencias.

He aprendido que, si usamos nuestro estómago con nuestra voz, la emisión del sonido será diferente. ¿A qué me refiero? A usar nuestra voz con una intención consciente que viene desde el centro de nuestro cuerpo y que es a lo que le llaman, ser centrado.

Cuando usamos nuestra consciencia desde el centro de nuestro cuerpo, podemos canalizar esa energía que viene de allí, la que unida a nuestros pensamientos y corazón, emite un sonido coherente con la situación vivenciada, que generará un aprendizaje.

Parece algo complicado, pero realmente es muy sencillo. Si ponemos atención a nuestro centro y de ahí respiramos, cambiando la escucha al corazón y uniéndola a la garganta, podremos generar un sonido coherente con nuestra intuición, para que esa idea sea 'centrada', es decir, que tenga congruencia. Además, si somos conscientes de nuestro presente, podemos tener experiencias de vida con muchos más aprendizajes.

Por ejemplo, mi hijo hacía referencia a las personas que estaban presentes en el evento del restaurante, pues cada una de ellas estaba destinada a estar ahí y a vivenciar la situación que experimentamos. Todos tuvimos un aprendizaje diferente y, si pusimos atención, esa situación no volverá a pasar o, por el contrario, cuando suceda, habremos entendido su razón de ser.

Cuando en un lugar existe un ser viviendo en su presente con consciencia, ejercerá su poder de conexión con su centro y su voz, para así ejercer el poder de su habla. Si eso sucede, el resto de las personas presentes en ese evento, habrá estado expuesto a un aprendizaje significativo. Depende de ellos tomarlo o no.

He entendido que ejerzo mi propósito de vida de muchas maneras y que, una de ellas, es que con mis vivencias apasionadas o expresiones que para otros parecen exageradas, puedo ayudar a cambiar la vida de diversas personas para siempre.

Cuando bailo, cuando vivo apasionada, cuando canto, cuando externo mi forma de pensar de manera adecuada, otros me han hecho hincapié en que la manera como me expresé para ellos, en ese instante, ha sido tan significativa, que nunca olvidarán tal evento, razón por la que me piden que siga siendo quien soy: es un hecho que ha marcado un antes y un después en la vida de esa persona y para bien.

Uno de mis propósitos en esta tierra, es aprender a usar mi voz correctamente y es por eso por lo que escribo, hoy por hoy, estas palabras. Pero, es principalmente cuando uso mi voz con intención y conexión con mi centro y esencia, que puedo mover voluntades y emociones, haciendo consciencia de eventos importantes. Es tan fuerte el efecto que podemos causar alrededor nuestro cuando usamos ese poder de nuestra voz, que es mucha la responsabilidad que tienen nuestras palabras.

Actualmente, vivo muy consciente de que mis acciones y mi voz con consciencia mueven montañas, pero que también pueden derrumbarlas. Sé que soy humana y que puedo equivocarme o usar mi fuerza erróneamente. Pero eso también es un aprendizaje, tanto para mí como para los que me rodean.

Y eso es en lo que consisten los aprendizajes y las vivencias en la tierra, para todo individuo.

Cuando un fuego sale de mi interior, desde el estómago al corazón y mi garganta se abre para ser utilizada, necesito respirar profundo y ejercer ese poder de la voz con consciencia.

Cuando eventos así pasan por mi vida, me confirman más y más, que ejerzo día a día mi propósito. Que el usar mi voz correctamente, cambia vidas y que, además, las cambia para siempre. Dejo huella en todos y cada uno de esos seres que pusieron atención a dichas palabras o eventos. La fuerza y energía que sale de mis entrañas, puede ser percibida por muchos, pero por muy pocos comprendida.

Daré otros ejemplos de lo expuesto.

Mi hijo estaba en lo que le llaman aquí *pre—K*, o sea la escuela para menores de cinco años y, como toda etapa en nuestras vidas, llegó el final de ciclo allí.

En esa ocasión, me acerqué a la directora y le dije que ese era el último día de mi hijo en su escuela y que nos despedíamos. Me miró muy seria y me llamó a su escritorio, pidiéndome que me sentara por unos minutos antes de irnos. Se me hizo muy extraño que hiciera eso, pensé que me diría algo del comportamiento de mi hijo, pero para mi sorpresa, era algo sobre mí. Me dijo:

—"Quiero decirle que cada mañana que pasa por este pasillo con su sonrisa, me cambia el ánimo y el resto de mi día se torna más positivo y alegre." "Su sonrisa y energía me contagian. Gracias por ser como es, le voy a extrañar y le deseo que siga siendo Usted y que siga tocando corazones como ha tocado el mío"—.

Esas palabras me han marcado para siempre, porque esa directora me hizo más consciente de la importancia de ser yo misma.

—No hice nada especial— pensaba yo.

Solo pasaba por el pasillo donde era la salida y con una gran sonrisa me despedía y le deseaba un buen día. Pero ella hizo mucho hincapié en que ese momento, "hacía su día más ameno".

Otro evento similar y que he tenido en muchas ocasiones, es cuando personas se acercan a mí y me dicen:

—Sigue bailando, sigue con esa energía. Me has contagiado con tu fuerza, me siento más feliz, me siento viva, me has hecho cuestionarme por qué no bailo. Me he preguntado cuándo dejé de cantar y por qué ya no vibro como tú lo haces ahora mismo—.

He recibido elogios y miradas sin temor de cuestionamiento y de juicios, porque sé que ellos sienten mi energía y mi lenguaje, aunque no entienden ni comprenden en ese momento, la importancia de su vibración.

Estoy cambiando su esencia y nunca van a ser los mismos, porque al sonreír de regreso, al cuestionar sus habilidades dormidas, despiertan un poco más y, su existencia en esta tierra, se hace un poquito más llevadera.

Y tú...

¿Cuándo has dejado de ejercer tu voz?

¿Cuándo has utilizado tu centro y tu pasión para hablar de lo que piensas o sientes?

¿Acaso has olvidado el poder que eso representa?

¿Ejerces tu voz correctamente, con consciencia hacia otros?

Discriminación en las aulas

Mi hijo tenía seis años y asistía a una escuela del estado con reglas de una escuela Montessori, porque podían utilizar algunas herramientas de este sistema[14].

Todo parecía ir bien, pero mi hijo, año con año tenía problemas en la escuela, era muy inquieto y no podía trabajar solo, por lo que necesitaba un apoyo personalizado.

Al parecer, a una maestra de preprimaria (primer grado anterior a la primaria), no le parecía la forma de ser de mi hijo y él se veía triste allí, así que, como percibí que pasaba algo, pensé que ofrecer mi ayuda como voluntaria del salón de vez en cuando, podía mediar a limar cualquier incomodidad de la maestra hacia mi hijo. Pero, lo que realmente descubrí en esas visitas, fue que ella tenía preferencias de raza en ese salón.

Mi hijo, con rasgos latinos muy fuertes, formaba parte de los niños que eran marginados fuertemente, porque los sentaban en mesas separadas y no les ponían la misma atención que a los blancos.

---

[14] El método Montessori es un modelo educativo ideado por la educadora y médica italiana María Montessori, desarrollado a finales del siglo XIX y principios del XX.

Fue muy desgastante ver esas actitudes en salones de pequeños, y más que me afectaba directamente con mi hijo, hasta que un día, él me dijo que la maestra le decía tonto.

Cuando me comentó eso, ya no pude más y fui a hablar con la directora, pero obviamente no creyó mi historia porque tenía en muy alta estima a la maestra, debido a los comentarios de los padres de raza blanca, que eran quienes la alababan. Por supuesto, lo que dije no fue escuchado, por lo que decidí sacar a mi hijo de esa escuela.

A partir de ese momento, me dediqué a tratar de revertir los mensajes tan negativos que la maestra puso en la mente de mi hijo, pero con el paso del tiempo, me di cuenta de que todos mis esfuerzos por ayudarlo a que entendiera que él no era tonto y que, al contrario, sus capacidades eran diferentes y muy por encima de la media de los niños de su edad, eran en vano.

Los mensajes habían sido tan continuos y me imagino que tan traumatizantes, que hasta la fecha en que escribo este libro, y mi hijo de quince años, lidia con baja autoestima y siente que no tiene las capacidades para merecer buenas notas en la escuela.

Han sido muchos años de lucha, ayudándolo a que pasara la escuela, pero todo esto ha llegado a un grado tal, en el que mi hijo se hundió en una profunda depresión. Ahora ha sido diagnosticado con una etiqueta más en el mundo, la de ADHD[15] y le han ofrecido pastillas para que pueda concentrarse mejor.

Esta situación, que vi venir desde que mi hijo era pequeño, no la pude evitar ni aun usando todas mis técnicas motivacionales hacia él, lo que me ha dejado en estado de frustración total con todas las personas que la provocaron, incluyendo a aquella maestra que ha dañado tanto a no sé qué cantidad de niños similares al mío, al grado de que, al paso del

---

[15] Referencia en el Glosario.

tiempo, como prueba mi propio hijo, se han quedado rezagados y con mucha confusión para desarrollarse en sus vidas.

Por eso es tan importante que hagamos consciencia de los cambios que las escuelas deben hacer, adaptando los sistemas a niños que ya no aprenden como nosotros lo hicimos, además de las diferencias sociales y el racismo, que han sido y sigue siendo aún, otro botón más que afecta a miles de niños en el mundo.

Las nuevas generaciones de jóvenes y niños ya vienen con esa idea del cambio, pero espero que no pase mucho tiempo para que estos sistemas y este tipo de diferencias, no sigan afectando a nuestros niños que serán el futuro del mundo.

CAPÍTULO 6

LOS ANCESTROS

Los abuelos y la consciencia

¿Cuánta conciencia tenemos de la influencia de las líneas ancestrales en nuestras acciones, creencias y formas de pensar?

En este capítulo, hablaré de los recuerdos que tengo de mis abuelos y de algunas situaciones que he podido resolver en mi vida, desde que reconozco la importancia de mis líneas y árboles ancestrales, honrando y ejerciendo con responsabilidad mi papel en esas líneas.

La otra pregunta es, ¿puedo cambiar o restablecer algunos patrones de consciencia que, por generaciones nos han pasado y que, a su vez, ya los hemos transmitido a nuestros hijos?

Aquí encontrarás la respuesta a estas preguntas. Yo lo he visto y quiero compartir mi experiencia.

Era una noche de aquellas con luna llena. Mi abuela materna llegó de visita.

Siempre que venía a nuestra casa, existía un tiempo de ajuste, ya que ella vivía lejos de nuestra ciudad y más bien era como pariente lejano. Aunque se trataba de mi abuela, existía una línea muy delgada que no me permitía acercarme a ella. Su mirada me decía algo, aunque no podía descifrar el mensaje, por lo que no me daban ganas de estar cerca suyo.

Yo tenía como seis años y, cuando nos visitaba, mi mamá nos pedía que juntáramos las camas de mi hermana y mía, para que ella tuviera espacio para dormir entre ambas.

Esa noche, el lado de mi cama daba justo al borde de la puerta que se había quedado algo abierta. Con alguien casi extraño a mi lado, con ronquidos que podían perforar mis células y la sensación de inmovilidad que me daba estar junto a ella, me acurrucaba en un pequeño espacio que me hacía mirar hacia la puerta e imaginar que podía volar.

En esa casa donde crecí, justo afuera de mi cuarto, había un pasillo que daba al área del comedor. Ahí teníamos una mesa antigua con sillas, que mi mamá me ponía a limpiar desde las patas, todas llenas de siluetas que recogen el polvo del día, y un candelabro al que debía sacudir cristal por cristal, con cuidado de no caer a la mesa.

Aquella noche, cuando mi abuela roncaba y yo buscaba la manera de dormir nuevamente, algo me hizo mirar hacia el comedor.

Allí, se encontraba un señor muy alto quien, en sus piernas y sobre la mesa, tenía una mascota que lo acompañaba. Recuerdo muy bien a un perro muy peludo arriba de la mesa. El señor me miró y sonrió dándome la sensación de ser una persona muy amorosa. Por cierto, no me pareció nada extraña la sensación de verlo ahí, era casi normal.

El detalle fue que nadie llegó con mi abuela aquel día que nos visitó. Era solo ella, pues mi abuelo había fallecido hacía casi diez años y ella no vivía con nadie más.

Al día siguiente, al despertar, corrí a buscar qué era lo que había sobre la mesa, eso que parecía aquel perro que acariciaba, pero para mi sorpresa no había nada.

Como yo ya tenía la fama de nerviosa o de que me imaginaba cosas, no mencioné aquel evento que me quedó muy grabado y fue muy significativo para mí, hasta un día que visitamos la casa de mi abuela materna. Ahí, en el pasillo, estaba la foto de aquel señor alto que yo había visto. Corrí con mi mamá y le dije:

—Yo he visto a este señor de la foto en nuestra casa, estaba en nuestro comedor cuando mi abuela nos visitó—.

Mi mamá se sorprendió y me dijo:

—No puede ser, él es tu abuelito y ya no vive. No lo conociste—.

Le dije:

—Sí, lo he visto y estaba en la casa—.

Todos se rieron de mí. Mi abuelita mencionó que apenas habían encontrado ese cuadro y lo habían sacado al pasillo.

Casi nadie lo conocía ni en fotografía, por eso, lo que yo decía, no les hacía sentido.

Las emociones de frustración y tristeza de que nadie me creyera eran muy agobiantes, y la mirada de mi abuela no me gustaba, por lo que siempre prefería salir a pasear o evitar su interacción lo más que podía.

Del lado de mi padre, conocía a ambos abuelos y me parecía más agradable ir de visita a esa otra casa antigua, donde siempre me ofrecían comida, había pasadizos secretos que explorar, sus closets estaban llenos de cosas antiguas y el patio repleto de gallinas que correteaban por las mañanas.

Era agradable ir de casa en casa de los abuelos, donde mi abuelo preparaba los jugos por las mañanas para toda la familia y mi abuela coleccionaba los huevos en la gallinera, para luego hacer las tortillas y reunirnos todos al desayuno.

Cuando mi abuela paterna falleció, vi a mi papá llorar por primera vez. Era muy extraño que mostrara alguna emoción. ¡Nunca lo había visto llorar!

Eso me hizo pensar que mi padre podía sentir más de lo que expresaba, por eso siempre recordaré que ese día pudo llorar tanto que, en vez de sentir tristeza, sentí tranquilidad por él. Era como si nunca hubiera podido llorar hasta ese día. Cuando sollozaba, le miraba más ligero y eso me daba paz.

Los recuerdos de mi abuelo paterno eran diferentes. Los jugos naturales que preparaba, desde cortar las naranjas y pelar las zanahorias hasta dejar una jarra bien llenita en la mesa y las historias de sus aventuras. La invitación a su escritorio cuando trabajaba y todos esos cajones llenos de sorpresas que me daban mucha curiosidad.

Cuando lo miraba, sus ojos llenos de ternura, me llenaban de amor por aquel abuelo que siempre recordaré con tanto cariño, porque él continuaba sacando sus increíbles artefactos de sus cajones llenos de plumas en cajas doradas y sus navajas, los que me encantaban, además de su colección de perfumes, sus sombreros y corbatas que desprendían olor a elegancia.

A mi abuela paterna, en cambio, la recuerdo con sus cajas llenas de telas, pues le gustaba elaborar vestidos que nos medía con gran gusto con sus lentes, con los que sus ojos parecían dos grandes lunas que se movían esperando la aprobación por sus regalos.

Al pasar de los años, al ir perdiendo uno a uno a mis abuelos, no pude darme cuenta de lo importante que son ellos en nuestras vidas, hasta que comencé a buscar mi identidad. Cuando realmente empecé a hacerme preguntas sobre quién era yo y qué era lo que me hacía actuar de la manera que lo hacía.

Gracias a una amiga que me introdujo a una técnica de autoconocimiento llamada Constelaciones Familiares, que se basa en el reconocimiento de los ancestros y la identidad de eventos en el pasado que pasan de generación en generación, afectando a todo el clan familiar, entendí la realización de que tantos abuelos y abuelas hayan pasado antes que yo; que todos y cada uno de ellos, pudo tener situaciones similares a las mías y que nadie hubiera podido resolver el evento o evitar que sucediera hasta que este me pasó a mí.

Yo tuve la necesidad de parar, para que a nadie más en mi clan familiar, incluyendo a mis hijos, les pase nunca más.

Es entender que todo lo que nos sucede, tiene un porqué y tomar responsabilidad de hacer lo que nos toca como parte del clan para autoconocernos o tomar el compromiso que otros no tomaron, cambiando el curso y experiencias de vida de todos nuestros descendientes, para miles de generaciones hacia adelante.

Parece como un cuento de hadas, donde nosotros, como héroes de la película, rescatamos a la princesa salvando la historia de la familia entera, para que todos vivan felices por siempre.

En realidad, con esta técnica, podemos cambiar el rumbo de nuestras propias vidas, al modificar la percepción de nuestra realidad y, al mismo tiempo, cambiar la consciencia de las nuevas generaciones.

Para que esto tenga más sentido, voy a explicar algunos ejemplos de sesiones que yo misma experimenté y los cambios que sucedieron en mi propia vida.

La influencia del clan y los abuelos en nuestras vidas

Es super importante entender cómo los ancestros o líneas ancestrales influyen en nuestra forma de ver la vida, de pensar o de ser.

Obviamente, también influye en la manera en que educamos a nuestros hijos.

En nuestras células, están las características de todo lo que somos, incluso de aquellas emociones o situaciones que, por años, se han pasado generación tras generación.

Voy a dar unos ejemplos de cómo descubrí esto.

Un día, en una reunión familiar, comenzamos a platicar sobre los abuelos, bisabuelos y tatarabuelos.

Una cosa trajo a la otra y salió la historia de que una de mis abuelas, que era de España, vivía en una hacienda en México y que se casó con un mexicano. Durante la Revolución Mexicana, tuvieron que huir, porque eran perseguidos por los revolucionarios. En esa persecución, mi abuelo murió y mi abuela quedó muy enferma muriendo después de mi bisabuelo, dejando a sus tres hijas huérfanas. Parece que ella había sido perseguida en España, por razones que nadie conoce.

Al analizar mi propia vida y lo que mi abuela comentaba, me pareció que esas persecuciones, junto con el sentimiento de abandono, fueron heredadas. Yo siempre quería mudarme de casa, tan pronto llegaba a un lugar sentía que debía moverme a otro lado. Cuando alguien mencionaba autoridades o era perseguido, me inundaba una angustia increíblemente extraña.

Un día, platicando con mi abuela, mencionó que cuando mi abuelo falleció, ella sentía que todo el mundo la perseguía y que no podía salir de su casa, sintiéndose desolada y abandonada.

Podemos ver aquí que, sólo en tres generaciones seguidas, detectamos un patrón de movimiento, sentimientos de persecución y asolación. Dirás que puede ser una casualidad.

Casualidad o no, sabemos que nuestro ADN es heredado y que de ahí traemos características que han sido traspasadas por padres a los hijos, por generaciones.

Cuando hablo de los mensajes del alma en este libro, hago mención de una experiencia donde una obsesión de una madre, puede pasar por generaciones ancestrales, hasta llegar a aquella persona que descubre la obsesión y la revierte, limpiando su linaje y el de todos sus descendientes.

La máscara dejó un agujero en su cara.

En este libro, menciono mucho la etapa donde sentí que tenía que buscar mi identidad, la que coincide con varios eventos que marcaron mi vida y que comenzaron a formarme, ayudándome a entender quién era yo en realidad.

Dentro de esos eventos tan trascendentales, se encuentra mi divorcio y las tantas veces que tuve que mudarme de casa, los que fueron puntos clave, el parteaguas de mi encuentro con la que soy ahora.

Al tener la fuerte convicción de que todas estas experiencias me ayudarían a encontrar mi identidad, sentía la necesidad de buscar los orígenes, los porqués de todo lo que me pasaba. Me encontraba siempre buscando amigas o terapeutas que realizaran sesiones que me dieran una indicación de que estaba en el camino correcto o que me ayudaban a corregir mi rumbo y encontrar lo que tanto quería saber.

En una de esas tantas veces, en la búsqueda del camino correcto para mí y mi familia, me encontraba frente a mi exesposo, queriendo limpiar nuestro pasado para, finalmente, encontrar nuestro espacio juntos, por lo que le pedí a una terapeuta amiga mía, si podía realizar una sesión de pareja antes de tomar la decisión de vivir juntos nuevamente y hacer que todas nuestras rutinas cambiaran una vez más.

No queríamos decidir sin antes ver a alguien profesional que nos guiara mejor. Por lo que ahí nos encontramos, en aquella sesión de Constelaciones Familiares, que me abrió los ojos, porque pude entender la importancia que tiene tomar nuestros lugares en la familia y la de dejar ir a papá y mamá. He aquí un ejemplo:

Comenzamos con preguntas de donde se encontraban los miembros de la familia y quienes eran.

Una familia se compone solo de papá, mamá e hijos, los abuelos no caben en ese círculo, sólo la acompañan.

Cada círculo familiar representa una célula nueva. Si alguno de los padres falta, suele pasar que alguien dentro o fuera de ese círculo, quiera llenar ese espacio y ahí es donde comienzan los desajustes, por así decirlo.

En nuestro caso, aparecieron el padre (mi exesposo) junto a los hijos y la abuela, mientras que la madre (yo misma) estaba fuera del círculo, por lo que llegamos a la conclusión de que algo no estaba en balance.

En ese momento, se solicitó al padre que dejara ir a la abuela (madre de él) de su círculo e incorporara a la esposa como madre de sus hijos y como su mujer.

Cuando comenzamos a hacer esto, tanto el padre (mi exesposo) como la madre (yo) recuperamos nuestros lugares mientras algo extraño comenzó a pasar. Mi hija, que se encontraba en otro cuarto de la casa en ese momento, tuvo una experiencia extraña, mientras que nosotros, al mismo tiempo, poníamos la intención de limpiar nuestra familia y dejar ir a la abuela incorporando a la madre al círculo.

Parece que, en los momentos en los que la madre salía del círculo a causa del divorcio, cuando los hijos se encontraban con el padre, la hija tomaba el papel de la madre que, en realidad, era la energía de la abuela, que el padre (como su hijo) no quería dejar ir. Pero, cuando estaban con la madre, el hijo tomaba el papel del padre.

Al cerrar los ojos poniendo la intención de que la abuela se fuera, visualicé a mi hija con una máscara desfigurada que parecía un esqueleto a medio formar con un gran hueco en una parte. Conforme solicitamos que la abuela saliera, vi esa máscara separarse de la cara de mi hija, para finalmente encontrar la suya.

Una vez que la sesión terminó, mi hija apareció en la sala y nos dijo que había sentido algo extraño, como si de su cara se le hubiera caído una careta o una máscara. No podía entender, cómo algo que yo había visualizado, ella lo hubiera sentido. La realidad era que mi hija había tomado el papel de su abuela como madre, por lo que esa energía estaba fusionada en su ser y no la dejaba ejercer su propio papel de hija solamente.

Una vez vivida esa experiencia, muchas cosas cambiaron en nuestra familia. Sentí que ya tenía espacio donde moverme, aunque la casa fuera la misma. Mi hija también pudo moverse mejor y ya no sentía que tenía que ser responsable por su hermano, al que trataba como hijo. Se volvió más libre, salía más con amistades y su rendimiento en la escuela fue más ligero.

Al mismo tiempo mi hijo tuvo cambios que comenzaron a inquietarme, pues empezó a tener ataques de ansiedad. Aunque, en general, toda la familia se encontró en un lugar mucho más agradable y con más espacio, parecía que nuestro hijo no encontraba el suyo, aunque culpamos a la adolescencia de sus cambios de humor y rechazos a convivir con nosotros, situación que pude entender después en otra constelación familiar, ligada directamente con mis ancestros.

Otro descubrimiento que menciono en este libro, en el tema de las maldiciones, se refiere a una maldición a mi bisabuela y a todos sus descendientes, la que obvio me llegaba a mí y a mis hijos.

Hay miles de ejemplos que he tenido en sesiones de constelaciones, donde la historia ancestral, trae en tiempos presentes un problema, evento o situación que la persona no logra entender, hasta que se realiza alguna terapia de regresión o constelación donde se encuentra el origen.

Al comprender lo que sucedió, se revierten los efectos que estaban desajustados por generaciones, hasta llegar al aquí y ahora con la persona que busca solucionar su problema y finalmente algo cambia en su vida presente y consecuentemente a sus descendencia.

La importancia de lo que ha pasado

Antes, no le ponía mucha importancia a mi pasado ni a mis orígenes, hasta que he conocido que, eventos o situaciones del pasado, nos afectan directamente en nuestras vidas. Es por eso, que hago hincapié en la importancia de analizar nuestro pasado de vez en vez, darle una checada a nuestros ancestros, abuelos y árboles genealógicos, para ver sus orígenes, sus historias y eventos importantes.

Tanto los libros de historia e internet como las terapias de regresión, constelaciones familiares o cualquier otro tipo de sesión, nos ayudan a entender de dónde venimos, para darnos más claridad hacia dónde nos dirigimos; si seguimos la misma dirección de los ancestros o si decidimos cortar los vínculos de algún evento desafortunado que solo ha traído experiencia y aprendizajes.

Así podemos agradecerles por toda la experiencia y lecciones aprendidas y soltar lo que ya no necesitamos, para vivir lo más ligeramente posible.

CAPÍTULO 7

LOS DUELOS

Lo que se gana cuando se pierde

Todos, alguna vez en nuestras vidas, hemos experimentado la pérdida de alguna situación, de algo o de alguien. En este capítulo, te presento un panorama de cómo pude sobrellevar las pérdidas en mi vida.

En estos procesos, he utilizado varias técnicas que expondré más adelante. Por lo pronto, te relato algunas de mis muchas pérdidas y te doy una pintadita de cómo he salido de esos procesos, que suelen ser muy pesados o agobiantes.

La primera pérdida

Se podría considerar nuestra primera pérdida, aquella ocasión cuando perdimos, de alguna forma, algo que deseábamos demasiado o que considerábamos nuestro tesoro.

En mi caso, mi primera y más sencilla pérdida, fue la de un copo de helado que me había costado llantos y quimeras obtener. Aún recuerdo todo lo que tuve que argumentar y lloriquear, para que mis padres aceptaran detenerse, en un largo viaje que realizamos en unas vacaciones de verano.

Finalmente, encontramos el local, uno de esos en donde letras coloridas atraen tu mirar. Al entrar, quedé subyugada con todos esos helados y paletas que me tenían indecisa al elegir. ¿Será el de vainilla o el de limón, el de mango o el de fresa? Vainilla doble en un copo.

Ya mis padres estaban ansiosos por seguir nuestro largo camino a casa. Yo, disfrutando mi delicioso helado, di un mal paso y, en un brinco... ¡Salió volando mi sorbete de vainilla!

Con largas lágrimas en mis ojos, miré a mis padres que escondían en sus miradas unas carcajadas que no pudieron disimular. Al verlos reír, mi llanto fue más intenso y en el proceso de dolor por la pérdida de mi delicioso helado, aprendí que, cuando uno desea algo con tanta fuerza, cabe una posibilidad muy grande de que, al momento de obtenerlo, salga volando como aquel helado mío que se estrelló contra al suelo.

En ese momento, comprendí que no tenía caso apegarse a nada ni a nadie, por mucho que lo desees.

Aunque ese proceso lo entendí en mi mente, mis emociones se vieron muy afectadas al observar, a mi alrededor, poca empatía por parte de mis familiares, cuando pasaba por una experiencia que para mí era dolorosa, como la de perder algo. Así que consideré poner en práctica una fórmula que me resultaba muy efectiva, la de esconder mis emociones para no ser expuesta a las burlas de los demás.

Entre las pérdidas más dolorosas que he sufrido, puedo contar la de mi abuelo, al que tuve la fortuna de tener hasta sus cien años. Él fue una figura intacta para mí, un hombre con integridad, amor propio y respeto hacia otros.

Para él, los contratos de palabra eran ley y, para mí, una tarde de sus historias, un deleite, junto a sus botanas[16] y comidas, las que ofrecía mientras lo escuchábamos. Antes de cumplir sus cien años, llevé a mis hijos a visitarlo y tuve la suerte de verlo y de que me reconociera.

Meses después de haber estado con él, recibí una llamada de mi padre, dándome la noticia de su partida. Me desvanecí en una silla y durante meses tuve dolores y sollozos. La figura paterna más importante en mi vida se había ido para siempre.

Otra de las pérdidas más dolorosas fue la de la relación con mi Padre. Ha sido una de las más intensas, porque tanto mi abuelo como él, al haber sido las primeras figuras masculinas en mi vida, representaban mis primeros amores hacia lo masculino. Y mi amor por ellos fue y seguirá siendo muy grande, aun cuando ya sus presencias no estén en mi vida.

En esas pérdidas, tuve todos los ciclos que uno puede transitar cuando algo se desvanece: negación, enojo, negociación, depresión y aceptación. Esos procesos, tal como ya lo comenté, fueron largos y desgarradores, pero en la etapa de la depresión, cuando el llanto interminable y las noches de

---

[16] Botanas: comidas o aperitivos en pequeñas cantidades.

desvelo eran tantas y llegaban con tanta incertidumbre, decidí ya no tomarle más la mano a la tristeza, para pasar a seguir viviendo.

Lo que yo no sabía, era que algo de esos procesos en mis memorias celulares o emociones, no se liberaban del todo, que no estaban cerrados o terminados, porque aún quedaban residuos de dolor y enojo.

Y fue recién que lo entendí todo, cuando tuve que pasar por una de las pérdidas más grandes de mi vida, perdiéndome a mí misma, a mi país de origen, mi cultura, la comida que me hacía olvidarlo todo, a mis amistades, el camino de mi profesión como abogada, las reuniones familiares que tanto me gustaban, la sensación de frescura cuando la lluvia caía en mi ciudad preferida o el olor a tierra fresca.

Perdí mi identidad y, junto con eso, me llegaron años de depresión que no podía resolver de ninguna manera.

Lo único que me ayudaba a sobrellevar esas pérdidas, eran las dos manos que me quedaron llenas de mis amores más importantes, que eran mi esposo y mis hijos.

Durante casi siete años, el vacío, el dolor y el enojo que tenía, estaban tan escondidos que pocos lo notaron, pero eran como una daga en el alma, que se tradujo en insatisfacción completa por todo lo que tenía. Nada me gustaba, nada me llenaba. Y, además, al no agradecer por todo lo que tenía, pasé a perderlo casi todo.

El documento en la mesa

Un documento de mi esposo sobre la mesa pidiendo el divorcio y que me saliera de la casa, fue el parteaguas[17] donde comenzó

---

[17] Referencia en Glosario.

una de las crisis más grandes de mi vida. Llegaba al inicio de un remolino donde no veía la salida.

Estaba en un país extraño, con un idioma diferente, no conocía nada de sus leyes ni procesos. No tenía experiencia de trabajo ni ánimo de conquistar ese mundo desconocido al que casi odiaba.

Odiaba su calor, su vacío, el letargo de sus calles por donde nadie caminaba, donde solo veía carros pasar con desconocidos, donde no había convivencia familiar ni amistades amorosas, no entendiendo en qué momento pude dejarlo todo por amor, por una esperanza de comenzar de nuevo una vida, que se basaba en una unión que llegaba a su fin.

No sabía qué sería de mí, no tenía idea en que trabajaría para sostenerme a mí y a mis pequeños.

Después del divorcio, el padre de mis hijos dispuso una cantidad de dinero que me ayudó a pagar mi renta y tener para sobrevivir, pero la negación y la ira de perder todo lo que amaba, me cegaba a buscar una solución.

Así fue como comenzaron mis andanzas gitanas. Siempre he reconocido la sangre de mis ancestros gitanos, mis ansias por conocer lugares nuevos, pero en esta ocasión, la aventura no era muy prometedora y no me generaba emoción, sino miedo y dolor. La venta de la casa, de los muebles, el empacar todos mis recuerdos en cajas junto a mis sueños, los libros que por años recopilé, todos mis tesoros más valiosos se desvanecieron, volaban como si nunca hubieran existido.

En menos de cuatro años, mis andanzas gitanas se tradujeron en cinco mudanzas, mucho llanto, incertidumbre, carencia y escasez. Encontraba trabajos de medio tiempo que me ayudaban a distraerme, pero no a procesar mi situación de carencia.

La carencia en mí, no era externa solamente, venía de mi interior, produciéndome vivir esos años con mucho enojo y falta de agradecimiento por la vida.

La línea entre la vida y la muerte

Es solo martes y mi corazón aún está en estado de negación. El sábado, 13 de agosto de 2022, perdimos a un Entrenador del gimnasio. Era gracioso y ruidoso, pero dentro de su mirada, se le veía una pena que traía puesta con gran orgullo.

Siempre que veía a Andy, me hacía reflexionar sobre la importancia de sacar lo que uno lleva dentro.

Todos tenemos penas y vivencias extremas que nos ayudan a madurar o evolucionar. Algunos las utilizan para llegar a experiencias más sutiles o entenderlas. Otros se sumergen en el dolor y duran mucho tiempo dando vueltas al mismo evento justificando su miseria, su dolor, utilizando esa vivencia como excusa del porqué no han realizado otras.

La realidad es que todos tenemos libre albedrío y, en el momento en que decidimos no hacer nada sobre algo, estamos decidiendo no cambiar. Es nuestra decisión no modificar nada para seguir en una ruleta interminable.

Otros, llegan al momento de ruptura, cuando una vuelta más es tan dolorosa que ya no es posible avanzar, quedándose en un estado de congelamiento, sin poder moverse. Las vidas de esas personas comienzan a despedazarse como un hielo quebrándose a pedazos, el que una vez fragmentado, o se derrite y se vuelve un charco que eventualmente se evapora o se une a un río para renacer en otra experiencia. A veces, justo en la vuelta más dolorosa, decide brincar de la ruleta, encontrándose en un piso desconocido que comienza a explorar, convirtiéndose en lo mejor que pudo haberle pasado.

La vida se trata de experimentar. No de nacer y morir. Si hubiéramos venido solo a poblar la tierra, no contaríamos con inteligencia, creatividad o habilidades específicas, ni con este hermoso vehículo que tenemos llamado cuerpo. Depende de nosotros la forma en que vivimos esta vida y como la transitamos. Tenemos ese regalo llamado libre albedrío.

Casi nunca agradecemos tenerlo, aunque es el que nos lleva por aventuras divinas o por una vida pesada y dolorosa. Somos nosotros quienes cargamos con ese obsequio, el que algunos meten en una caja olvidada en el cajón más escondido, dedicándose a quejarse eternamente hasta que mueren.

Otros envejecen con dolores, pero el día que mueren, alguien encuentra su caja escondida.

Están aquellos a los que de repente la vida los lleva a mudarse y así recuerdan esa caja olvidada, la mueven y cambian su vida para siempre.

Otros, desde el momento que tienen sus primeras experiencias, mueven su libre albedrío obteniendo de su vida más y más regalos que sus decisiones les brindan.

Más allá de eso, todos, absolutamente todos, pasaremos muy cerca de la línea delgada entre la vida y la muerte. Algunos solo la verán una vez y pasarán a la muerte instantánea sin parpadear. Otros, se acercarán a esa línea y la brincarán riéndose a carcajadas, pues esa vez, pudieron burlarla.

Están quienes verán la línea pasar mil veces y llegar a la vejez sonriendo de que no supieron cuál de todos los momentos fue el más cercano, aunque ninguno los llevó a la muerte.

Otros son tan precavidos, que se la pasan evadiendo experimentar la vida, por miedo a morir, cuando lo único que hicieron fue no vivir.

Habrá algún día que, sin pensarlo antes, diremos que sí a algo que nos llevará a esa línea. Si morimos, ya no hay vuelta atrás, ya no existe más, pero hemos ejercido nuestro libre albedrío, utilizando nuestro regalo, haciéndonos libres.

Por eso, vivir conscientes de que tenemos este hermoso obsequio, nuestro libre albedrío, nos convierte en seres con posibilidades para ejercer nuestra libertad.

Te invito a ejercerla con responsabilidad, utilizando tus habilidades otorgadas y desarrolladas, pues hasta que esa línea tan delgada se rompa, te seguirás encontrando en experiencias en esta tierra.

Andy, esta vez la línea se rompió y ya no hubo vuelta atrás. Espero que pronto podamos reencontrarnos en otra onda de vida, en otra tierra o en otra experiencia, ejerciendo nuestro libre albedrío. Fue un gusto haberte conocido. Hasta la próxima.

Las gotas de transformación

En el transcurso de esos cuatro años, me encontré en la búsqueda de mí misma. No quería otra pareja, no quería un trabajo estable ni un hogar. Eso ya lo había tenido.

Mi identidad perdida en todos esos eventos me hacía seguir buscando respuestas, las que encontré en lo que se ha convertido en un estilo de vida, que ha cambiado la forma en que percibo mi andar y por la cual estoy totalmente agradecida.

Todos esos eventos donde perdí algo, me dejaron espacios que debía llenar, pero no quería llenarlos por llenarlos. Buscaba mi esencia, mi identidad, aquella que había perdido en el camino y que deseaba fuertemente encontrar.

Así fue como tomé mi tiempo para que, desde dentro, se llenaran esos espacios vacíos que habían dejado mis pérdidas. Ya no las recordaba ni contaba una y otra vez, ya no me dedicaba a sollozar su ausencia, sino a reconstruir mi interior.

Me concentré en curar mis rupturas, en bailar y en disfrutar mi propia compañía, para entender quién era yo. Para lograr eso, tenía que convivir conmigo misma, lo que implica un gran reto que pocos están dispuestos a realizar. Pero no importaba nada, ya no tenía nada que perder, pues lo había perdido casi todo, por lo que solo quedaba la cuesta arriba y eso hice, solo subir.

Me ocupé de reconocer lo que me gustaba, de llenar mis vacíos con mis propias fantasías y, poco a poco, lo logré.

Ahora, vivo en el mundo de mis sueños, me he responsabilizado de mis propias vivencias. Ya nadie es causante de lo que me pasa, sino yo misma. Eso me ha empoderado y me ha hecho encontrar mi propia identidad, la que me da la posibilidad de vivir plenamente cada segundo en esta existencia.

Pero, como mencioné, me tomé mi tiempo, el que fuera necesario para redescubrir la emoción que, como un niño, se tiene al querer experimentar cosas nuevas.

Comencé a vivir poco a poco. A probar, a conocer gente, a disfrutar del calor extremo en vez de llorarle a mis lluvias de abril y a deleitarme con mis largas caminatas en compañía de mis propios pensamientos, en vez de llorarle a mi soledad.

Fue caminando conmigo misma, que un día de otoño, bajo el calor agobiante de Florida, encontré nuevamente a esa pequeña niña enamorada de la vida y del mundo, que había perdido por tantos años.

En el camino a encontrarme, descubrí varias técnicas que me han ayudado a superarlo todo. Mi percepción de lo que es perder algo o alguien ha cambiado en ciento ochenta grados.

Ya no pierdo, gano un espacio; ya no sufro, gano una experiencia; ya no le lloro a lo que no fue, gano miles de oportunidades de experimentar algo nuevo, algo fresco, algo más expansivo y contributivo para mí y para los que amo.

Desde que comencé a ganar espacios, en vez de perderlos, también empecé a tener mejores empleos, a ganar mejores sueldos, a recibir dinero de medios que no me imaginaba recibir. Todo se veía diferente, porque me sentía agradecida por tener la claridad con la que ahora contaba.

Así fue como cada evento, cada encuentro, cada situación, comenzaba a llenarse, ya no había vacíos, ya no había dolores, ya no había resentimientos porque estaba experimentando lo que llamo libertad en su máxima expresión. Porque retomé y modifiqué mi vida.

Es por eso, por lo que ahora, con la muerte reciente de Andy, el entrenador, y con la mudanza de mi hija a la universidad, he recordado lo que se siente cuando alguien o algo se va.

Esta vez, aún sentí negación, enojo, tristeza y aceptación, pero el ciclo fue más corto, pude ver con claridad que solo eran mis emociones de humana las que me hacían llorar porque, al final del día, era un proceso más de esta experiencia de vida, pues ante tantas ganancias, había que balancear con una pérdida o dos.

Aunque, lo que me queda muy claro, es que no he perdido esta vez, solo he ganado más espacios y, uno de esos, ha sido la motivación para escribir estas líneas. Agradezco a la vida y a esas pérdidas que me han dado a ganar una existencia abundante y plena.

Y tú, ¿qué has ganado cuando has perdido?

CAPÍTULO 8

MI YO SUPERIOR EN EL AKASHA

Cuando conocí a mi otro yo

18

> "Soy parte del Universo y cuento con
> Luz Eterna de la Fuente Divina".

---

[18] De NASA, *ESA and the Hubble Heritage Team* (STScI/AURA), Dominio público.

En este capítulo, hablaré de la idea del Yo Superior, de mis inicios en el concepto de Yo Superior en mi vida, de las diferentes etapas donde pude conectar conscientemente con mi Yo Superior y del porqué es tan importante entender este concepto.

Desde que era niña, tenía una idea de mi conexión con todo lo que existe, la que, poco a poco, se fue haciendo invisible, debido a las creencias externas culturales, religiosas y a las influencias familiares.

Pero, aun así, nunca perdí completamente mi conexión con lo que ahora entiendo, se le puede llamar Yo Superior.

Tenía como unos siete años.

Mis padres disfrutaban mucho de la naturaleza, por eso, constantemente, salíamos de la ciudad para gozar del campo, las montañas, algún lago o el mar. Mientras que hacíamos esos viajes, me sentía plena y llena de energía y entendía que cada ser que existía en el planeta era parte de mi hogar, por lo que era bello experimentar cualquier presencia que pudiera percibir o incluso ver.

En una noche de luna llena, tuve un sueño muy extraño, experiencia tal que se me ha quedado grabada en la mente. Alguien me llamaba al patio de mi casa en medio de la noche, me levantaba de mi cama y abría la puerta, en donde se encontraban una serie de personajes con vestimentas muy diferentes. Todos brillaban mucho y, en medio de ellos, se encontraba alguien que sí podía reconocer, la llamada Virgen María, ya que crecí en un ambiente católico, con una imagen constante en mi casa y en el colegio.

Ella estaba frente a una mesa larga, sobre la que había, solamente, un libro abierto. Me miró y me dijo que no tuviera temor, que todos ellos se encontraban ahí para mostrarme lo que quedaría a mi cuidado: aquel libro, que era enorme y muy brillante. Acto seguido, me encomendó una serie de cosas que ya no recuerdo, lo que acepté y entré en la casa.

Al día siguiente, todo parecía un sueño increíble que traté de platicarle a mi madre, pero como siempre, quedó en el olvido por mucho tiempo, hasta que un día, no muy lejano a ese, tuve otra experiencia similar.

Una de las madres superioras del colegio nos llevaba semanalmente a la iglesia, recuerdo que era mi maestra de primer o segundo grado de primaria, donde nos leía parte de la biblia, para luego sacar conclusiones de aquella lectura. Aquel día especial, como todo el grupo estaba muy inquieto, la madre decidió realizar un ejercicio completamente diferente en lugar de leer.

Nos hizo mirar a una estatua de la virgen que estaba en aquella iglesia y, después de observarla, cerrar nuestros ojos y respirar profundamente.

Ella comenzó a realizar una pequeña meditación donde nuestra imaginación nos llevara a un lugar bello y calmado. En ese momento, pude ver un gran jardín lleno de plantas. En aquel edén, me encontré cara a cara con aquella otra virgen que, si bien era la llamada Virgen María, no se parecía a la que estaba en la iglesia. Ella me miró y me dijo que recordara mi cometido y el propósito de aquel libro, que era una gran responsabilidad, al cual yo acepté y rectifiqué.

Cuando la madre superiora nos llamó a que abriéramos los ojos para dejar de meditar, el grupo entero estaba calmado y feliz de haber hecho aquel viaje, por lo que le pedimos que después de la lectura de la biblia, hiciéramos una meditación semanal. Ella aceptó.

Desde entonces, esas pequeñas meditaciones eran mi puerta de escape del mundo material y la entrada a aquel que percibía, pero que aún no entendía del todo.

Años después, ya en la adolescencia, cuando vivía apartada de mis padres en una Universidad lejos de la ciudad donde crecí, comencé a experimentar vivencias que me atemorizaban, debido a que, después de aquellas pequeñas meditaciones, ya cuando pasé a altos grados de la escuela, nunca más volví a realizar algo similar, por lo que, al parecer, me había olvidado de todas aquellas experiencias que me mantenían conectada a esos mundos.

Fue así como empecé a tener otras vivencias que me hicieron buscar más información sobre lo que me pasaba. En la Universidad, teníamos demasiada tarea y en muchas ocasiones no dormía ni comía bien tratando de hacer todo lo que podía, lo que me empezaba a afectar demasiado.

Una noche caí rendida en mi cuarto. Solo recuerdo que no podía estudiar más, por lo que cerré mis ojos. De inmediato, me sentí como si flotara, pero sabía que no estaba dormida. Era tanto el terror, que no quería abrir los ojos.

También sabía que no había muerto, porque no había tenido ningún dolor, pero me sentía como si levitara. Finalmente, abrí los ojos y, a solo unos cuantos centímetros de mí... ¡Se encontraba el techo!

Yo no entendía cómo había llegado hasta ahí y cómo era posible que fuera tan ligera. ¡Al mirar hacia abajo, pude ver mi cuerpo en la cama!

Eso me aterrorizó más aún, pues pensé que había muerto, pero escuché una voz que me dijo:

—Ese de ahí abajo, es solo tu cuerpo físico, tu espíritu es el que se encuentra acá arriba. Solo piensa que bajarás despacio a tu cuerpo y, después de un momento, abrirás tus ojos—.

Eso hice. Al sentirme en la cama de nuevo, pasó mucho tiempo para que me moviera nuevamente, porque me encontraba paralizada de miedo, no entendiendo lo que pasaba. Una vez que necesité ir al baño y tuve hambre, corrí a la biblioteca para investigar en algún libro que me diera una explicación científica de lo que me había ocurrido.

Buscaba y buscaba y todo me llevaba a ejemplares del cosmos, del universo y de las filosofías antiguas como el Zen. Así fue como me llevé todos esos libros que hablaban de experiencias similares a lo que me había ocurrido y comencé a hacer algunos ejercicios de meditación del libro del Zen, que proponían traer claridad y calma.

Esto me hizo recordar aquellas meditaciones que la madre superiora hacía en la iglesia y pude sentir nuevamente una conexión con aquel mundo en el que me refugiaba cada vez que me sentía triste o diferente al resto de la gente que me rodeaba.

En ese tiempo, no entendí qué fue realmente lo que me había pasado con todas las experiencias que te cuento. En realidad, fue hasta años más adelante, cuando comencé a conocer más sobre los temas de la energía y de los viajes astrales, que pude darle una explicación.

Viajes astrales

Ahora me gustaría hacer un paréntesis para explicar un poco sobre los viajes astrales.

Creo que ya he mencionado que no somos solo un cuerpo físico, también contamos con uno espiritual y un alma. Los tres cuerpos se juntan en el momento de nuestra concepción, cuando el óvulo es fecundado. En ese preciso instante, baja del sol central una chispa divina que se integra a la primera célula creada, donde se incorpora la esencia del alma que proviene de la madre tierra.

Son la chispa divina del espíritu, la esencia del alma y el cuerpo físico, los que forman lo que es el feto en la madre.

La chispa divina es la esencia de nuestro espíritu que proviene del Universo, es la que contiene la información de nuestro origen en el cosmos; la esencia del alma es la que abarca la información de nuestro origen en la tierra y, el cuerpo físico, es el que establece centros energéticos (llamados chakras y nadis) que vinculan toda esta información.

Cuando nuestro cuerpo espiritual está listo para evolucionar de acuerdo con nuestras experiencias aprendidas en la tierra, comenzamos a tener vivencias diferentes llamadas "paranormales" o que no comprendemos, tal y como yo tuve esa de salirme de mi cuerpo. En realidad, lo que se salió de mi cuerpo físico fue mi espíritu, el que junto con el alma mantiene una conexión al cuerpo, por lo que no podría morir aun si el espíritu y el alma se apartaran un poco.

Todos nuestros vínculos están en nuestras células y memorias celulares y se unen por todos nuestros centros energéticos, junto a nuestra chispa divina, por lo que le llaman el cordón dorado. Cuando pasamos por alguna experiencia al salirnos del cuerpo físico, podemos mantener nuestra consciencia y alma integradas, pero fuera de este.

A esto, es a lo que le llaman viajes astrales, debido a que todo espacio fuera de nuestro cuerpo físico es considerado el éter o el astral. En consecuencia, lo que hacemos es que salimos al astral.

Ya regresando a mis vivencias en la Universidad, conocí a una chica que hasta el día de hoy es mi amiga, a la que le platiqué la experiencia que había tenido y lo que había leído. Ella me comentó que conocía a un maestro que vivía cerca de su casa, que leía la mano y sabía algo de esos temas, por lo que acepté ir a visitarlo.

Desde que miré a aquel señor bonachón, él detectó que algo había en mí que deseaba conocer más, así que me invitó a una reunión que hacía con los chicos de su escuela, donde realizaban un pequeño ejercicio. No me dio muchos detalles, pero me dijo que ahí encontraría las respuestas que buscaba, así que me pareció muy atractiva la invitación.

Mi amiga estaba tan curiosa como yo, por lo que llegamos juntas a aquel salón, donde había muchos niños más pequeños que nosotras, de edades desde siete a catorce o quince años, todos sentados en el suelo. Entre ellos, recuerdo muy bien a uno con Síndrome de Down y a otro con sus piernas pequeñas que no le habían crecido a su tamaño normal, situación que me impactó, pero traté de mantener mi atención a lo que me llevaba ahí.

Mi amiga y yo nos aproximamos al grupo donde había dos lugares más, uno para mí y otro para ella. Nos sentamos en el suelo y nos dejamos llevar por la voz de aquel maestro.

El viaje a mi yo superior

El maestro nos pidió que cerráramos los ojos y comenzáramos a imaginar un globo aerostático o una escalera por donde nos dijo que subiéramos.

Cuando ya me encontraba frente a aquel globo aerostático, apareció frente a mí uno de los niños, el de las piernas pequeñas, aunque en ese momento se veía alto y muy feliz.

Conforme fui avanzando en mi viaje hacia las nubes, ese chico me iba acompañando durante todo mi camino, lo que me hizo sentir muy segura y feliz de contar con alguien que estaba junto a mí.

Según el maestro nos iba describiendo el paso a paso, lo que debíamos hacer era llegar a aquel lugar donde encontraríamos una gran biblioteca. Allí buscaríamos un libro que tendría nuestro nombre, el que nos pidió que abriéramos.

Para mi sorpresa, sí encontré un libro, pero en aquella biblioteca había muchas letras volando por todos lados y, cuando lo abrí... ¡Las páginas estaban en blanco!

Una angustia comenzó a inundarme, porque daba vuelta a las hojas y no había alguna que tuviera algún escrito. ¡Todo estaba en blanco!

Cuando fuimos guiados de regreso a nuestro estado normal nos pidieron compartir nuestras experiencias, yo no pude hablar de la mía, ya que, para mí, era muy extraño que los demás pudieran ver libros con algo dentro, y mi libro estaba vacío. ¡Aparentemente, no tenía nada que compartir en ese momento!

Todos los niños mencionaron algo de las páginas de sus libros, excepto nosotras dos.

Yo estaba muy confundida porque no había nada en mi libro, fuera de él flotaban oraciones y palabras, pero ninguna tenía sentido. Más adelante, le pregunté al maestro qué quería decir eso y él me dijo que no intentara explicar nada, solo seguir subiendo y haciendo ese ejercicio que, con el tiempo, entendería.

Y tal así sucedió, debido a que, cuando conocí cómo leer los Registros Akáshicos, no debía saber el orden de la información, pues solo bajaría la necesaria para mí en ese momento en el que hacía la lectura.

Entendí que la forma en que todos esos datos están en nuestro akasha o cuerpo astral, puede interpretarse como palabras flotantes, las que están contenidas en discos energéticos que giran en todos nuestros centros energéticos.

Entre más desconectados estamos del mundo espiritual, más dispersa es la información.

Entre más meditemos y conectemos con el interior, más entenderemos y todo comenzará a integrarse, por lo que cada vez tendremos más consciencia, que nos llevará a tener más claridad en nuestra vida y nuestras experiencias en la tierra.

Años más adelante, cuando comencé a aprender lo que eran los Registros Akáshicos, hacíamos una meditación igual a aquella experiencia que había tenido de niña, cuando el viaje en aquel globo se repetía, pero en vez de llegar a una biblioteca, se nos pedía que buscáramos una puerta, donde alguien detrás de esta estaba esperándonos para entregarnos la información que pedíamos. Ese alguien era lo que le llamamos el Yo Superior.

El concepto del yo superior

El Yo Superior somos nosotros mismos, pero con un nivel de consciencia más abierto. Es nosotros sin limitaciones de creencias ni bloqueos de ningún tipo.

Nuestro Yo Superior es nuestro guía en la tierra, es decir, es nuestra propia consciencia de que existimos, pero con amplio conocimiento de que formamos parte de algo mucho más grande que nuestra individualidad.

Es decir, ese yo nuestro nos ayuda a entender que somos un granito de ser en el inmenso Universo, dentro de los miles de

Universos existentes, que nos guía desde antes de nacer hasta nuestra muerte.

Al momento de nacer, es cuando comienza la magia de nuestra concepción como seres humanos en el vientre de nuestra madre. Pero, el resto de nuestra consciencia universal la olvidamos para poder experimentar la vida en la tierra.

Una vez nacidos, comenzamos un camino en la tierra donde tendremos que experimentar eventos que nos ayudarán a aprender lo que es vivir en ella, las emociones, los sentimientos y las relaciones con otros seres humanos.

Si al momento de nacer pudiéramos recordar quienes somos y lo que realmente representa nuestra existencia, seríamos unos seres con mucha más consciencia, pero no podríamos convivir con nadie y ya no habría nada que experimentar ni vivir, porque lo entenderíamos todo. Así, la vida sería aburrida, pues todo sería perfecto y no habría nada que hacer más que comer, dormir y seguir así hasta nuestra muerte.

Hay quienes dicen que el Yo Superior es aquella parte de nosotros que no vemos, pero que la adquirimos cuando llegamos a la tierra, es decir, nuestra parte invisible y con un nivel de consciencia diferente a lo que sí vemos y entendemos.

¿Por qué le llamamos Superior?

Porque el cuerpo que está materializado, se encuentra en un nivel inferior, mientras que aquel con más amplia consciencia, es el que entiende y está por arriba de nuestro discernimiento, por eso está en niveles superiores. Entonces, explican que el Yo Superior somos nosotros en un plano de consciencia más elevado, en el ámbito espiritual.

Pero aun cuando hay miles de definiciones o explicaciones de quien es el Yo Superior, la mejor manera de entenderlo, se refiere a la experimentación de esa conexión con nuestro propio Yo Superior, la que puede ser posible con meditaciones guiadas o no, dependiendo de nuestros deseos de entendernos y conocernos más.

Puedo hablar con certeza de que, después de tantos años de experimentar las diferentes maneras de mi Yo Superior, he entendido que todo consiste en buscar un silencio interior y en dejar que nuestra intuición nos guíe, confiando en que todo lo que pasa es perfecto.

Te invito a experimentar esa conexión contigo mismo y a entrar al mundo mágico de los libros del Akasha, que te ayudarán a entender el camino en la tierra y tus experiencias de vida.

CAPÍTULO 9

MI DESCUBRIMIENTO DE LOS REGISTROS AKÁSHICOS

El mundo mágico de los espíritus

¿Te recuerdas de los apegos y la historia que me ha pasado con el fantasma que no quería irse? ¿Recuerdas el ritual que realicé para que se fuera? Pues justo después de estos eventos, mi casa se llenó de toda clase de seres extraños desencarnados y de una energía muy negativa.

Toda mi familia comenzó a pelear de la nada, sintiéndose un ambiente muy pesado, todo se oscurecía y había mucha tensión. No entendía qué pasaba, pero sí que necesitaba ayuda urgentemente.

En esta sección, explicaré algunos de los eventos que me hicieron entender un poco más acerca del mundo mágico de lo invisible, porque descubrí que existe un mundo llamado akáshico, con el que he cambiado, poco a poco, el rumbo de mi vida.

Desde entonces, ya todo tiene sentido para mí, hay siempre una causa raíz y una forma de solucionar lo incomprensible del pasado.

Gracias a lo que aprendí de los akáshicos, hoy por hoy estoy más consciente de los miles de caminos y posibles soluciones que tengo a mi disposición, me siento con más espacio y con más apertura a la transformación y evolución de mi ser. Pero sigamos con los mundos desconocidos.

Miedo a lo desconocido

Incrédula de todo lo que estaba sucediendo en mi casa, me dispuse a regresar la armonía a mi hogar no importando lo que me tardara o lo que necesitara aprender, buscando solucionar lo que, aparentemente, era una invasión de energías desconocidas para mí.

En ese momento, el Universo me brindó respuestas que me han ayudado a entender mucho de mí y de mis procesos de aprendizaje, gracias a las que mi vida cambió radicalmente.

Me llegó muchísima información, pero las primeras dos fuentes o personas que me ayudaron a entender lo que estaba pasando, fueron las siguientes.

En primer lugar, Matías de Stefano, el llamado "El Niño Índigo", considerado un ser despierto que tiene recuerdos desde antes de nacer en esta tierra.

Debido a varios videos que estudié relacionados con Matías, comencé a autoanalizarme más y de cierto modo, me sentí identificada con la información que él brindaba. Entendí, también, que yo caía dentro de las características de una Niña Índigo como él, motivándome a leer y a aprender más sobre los Niños de la Nueva Era.

La segunda persona fue David Topí, científico y escritor español, creador de una técnica llamada Sanación Akáshica, quien me ayudó a limpiar mi hogar y con quien aprendí lo que conozco ahora de los Akáshicos.

Debido a que mi casa tenía una energía muy extraña, los eventos más raros pasaban, se movían cosas sin razón de un lado a otro, los juguetes de los niños se trasladaban sin que nadie estuviera manipulándolos.

Mis hijos me contaban historias de seres que entraban a la casa. Era un sinfín de situaciones que me tenían muy angustiada, por lo que, sin entender qué hacer, busqué ayuda.

Fue entonces, que alguien me contactó con David Topí, quien, a través de un correo, me explicó que podía ayudarme. Realizó una lectura a mi casa, enviando un reporte de lo que había encontrado allí y de la limpieza de esta. En una semana o dos, mi hogar estaba normal, ya no había más eventos extraños. Mis hijos dormían bien durante la noche entera y ya no teníamos situaciones problemáticas o enojos por nada.

Mis preguntas se incrementaron y mi curiosidad con ellas.

¿Cómo era posible que alguien pudiera "limpiar" energéticamente una vivienda, en este caso mi casa en Estados Unidos, desde España?

¿Cómo hizo David para entender qué pasaba, analizar todo e incluso escribir un reporte de lo que había?

Mi curiosidad y mi miedo de volver a vivir otras situaciones similares me llevaron a querer aprender todo lo que fuera posible, para "protegerme" de seres y energías desconocidas o invisibles. Así fue como tomé mi primer curso en línea llamado, en primera instancia, Registros Akáshicos y después Técnica de Sanación Akáshica.

En realidad, la Técnica de Sanación Akáshica me enseñó una manera de leer algo que se conoce con el nombre de Registros Akáshicos, por lo que, una vez que comencé a leer los míos y los de mi familia, una serie de seres o espíritus comenzaron a acercarse a mi casa queriendo que los ayudara a liberarse.

Algo que se me dijo a través de mi hija, fue que los "espíritus" se pasaban la información de que yo había ayudado a uno de ellos, por lo que comenzaron a llegar toda clase de energías, entidades o fantasmas, buscando mi ayuda.

Lo que logré entender de todos estos eventos, fue que, algunos de esos espíritus, habían muerto confundidos o en situaciones traumáticas, por lo que su ser no había alcanzado a entender qué pasó y porqué. O bien, si ese ser durante su vida tuvo muchos apegos materiales o familiares, no deseaba irse cuando "debía", queriendo permanecer junto a esos apegos.

Con todos estos acontecimientos pasando en mi casa, fue cuando entendí los procesos de desencarnación y por qué algunos seres se quedan en la tierra en forma de lo que conocemos como "fantasmas", incluso, se quedan tanto tiempo, que comienzan a aprender a mover objetos, aunque la realidad es que solo son seres sin cuerpo, que no hacen más que querer entender por qué se quedaron atrapados, ya que no pueden salir de esa situación por ellos mismos.

Hay, también, algunos otros que se han quedado por libre albedrío, debido a apegos materiales o emocionales.

Es así, como me di cuenta de que uno de mis objetivos en esta vida, era entender esos procesos y tener acceso a los Registros Akáshicos, para poder guiar a todos aquellos que comienzan a tener más consciencia de que existe algo más que solo lo que vemos, oímos y tocamos.

Fue entonces, cuando comienzo la página de Registros Akáshicos "Sana y Brilla" en Facebook o Libros del Akasha y, luego, mi página web[19] personal, para expresar mis vivencias y sentires.

Portales y fallas de la tierra

La palabra portal viene del latín, *porta* (puerta), que es una abertura que permite acceder al interior o exterior de un lugar. También se puede entender como un orificio en un área que nos da acceso a otra, por lo que, si esta palabra la usamos en la física cuántica, se puede hablar de túneles o de superconductores de acceso de pequeñas partículas, invisibles a nuestros ojos.

Algunos investigadores científicos tienen evidencia de que las micropartículas pueden atravesar barreras, experimento conocido como Tunelización de Klein.

---

[19] www.monicamarcela.com
https://www.facebook.com/LibrosDelAkasa/

Basado en este principio científico, podemos entender que pueden existir puertas o portales que nos dan acceso o atraviesan barreras que no vemos.

De ahí, podemos hablar de diferentes tipos de puertas, como las de acceso entre energías, entre dimensiones y la que está en nuestros campos energéticos.

He encontrado al respecto, un artículo que quiero compartir contigo, porque me ha gustado mucho cómo Paola Gutiérrez, una Coach Cuántica Espiritual, explica muy claro y resumido sobre los portales. Espero que quede más claro el tema con esto:

"PORTALES ENERGÉTICOS: QUÉ SON Y CÓMO FUNCIONAN", junio 9, 2021.

"Representan una conexión universal: algunos son momentos astrológicos, otros eventos astronómicos y otros lugares en la Tierra que han sido, incluso, hogar de culturas milenarias. Pero ¿qué tienen en común? Que son vórtices de ingreso y salida de energía sutil y que reciben el nombre de PORTALES ENERGÉTICOS...

...Pero, primero, devolvámonos un poco. Vamos hacia la comprensión del campo cuántico de energía: esa red donde todos nos conectamos, y donde todo es una gran consciencia manifestada a través de centros energéticos que se están creando en la vibración, y que podemos ver materializados, por ejemplo, en el mundo físico...

Pero, ¿qué tiene que ver esto con los portales energéticos? Que al entender cómo funciona el Campo Cuántico, podremos entender que los vínculos energéticos que creamos entre nosotros y el Universo, generan un flujo de información constante que puede amplificarse y que pasa por vórtices, es decir, por PORTALES ENERGÉTICOS.

Cada vez que conectas con un portal, estás generando un vínculo con él.".[20]

---

[20] El sitio web Ciencia de la NASA, artículo "Portales ocultos en el campo magnético de la Tierra", publicado en julio de 2012, Scudder.

¿Cómo funcionan los portales energéticos?

"El investigador Billy Carson, fundador de 4biddenknowledge Inc, explica, también en el capítulo Portales del Universo, de la serie Civilizaciones Antiguas, que los portales estelares funcionan a través de una gran red cósmica, la red que comunica cada galaxia en el Universo. Cuenta, además, que mientras los planetas rotan generan nodos, los cuales van formando cuadrículas. Así que, cuando estos se alinean, se forma un portal.

...Según el Centro de Servicio Planetario Uksim, finalizando la década de 1980, se encontró evidencia de la existencia de centros planetarios de gran voltaje, es decir, puntos de entrada y salida de energía dispersos, de forma física, por toda la Tierra.

Alrededor del planeta, se encuentran puntos geográficos con gran connotación ancestral y espiritual, sobre los cuales se imponen estructuras arquitectónicas sagradas propias de cosmovisiones antiguas, que representan vórtices (portales) fundamentales para los procesos de conexión con el todo, de sanación interior, de reprogramación celular y de expansión de consciencia, de los cuales les hablé en un artículo anterior: los 7 chakras de la Tierra". [21]

Hablar de que todos estamos conectados o vinculados a otros, nos puede parecer raro, porque el principio del ser humano es que se siente un ser individual y único, lo que contradice esta idea de que estamos conectados.

Entonces, ¿qué pasa? ¿Somos individuales e independientes o estamos en grupo? Ambas manifestaciones a la vez.

---

[21] "PORTALES ENERGÉTICOS: QUÉ SON Y CÓMO FUNCIONAN", junio 9, 2021

Somos seres con una esencia individual como el electrón o protón, pero formamos parte de un grupo de individuos que se mueven a nuestro alrededor, en nuestra colonia, en nuestra ciudad, en nuestro país, en el mundo, en este Universo, dentro de una galaxia, en medio de miles y miles de galaxias que se mueven también.

Por lo que, si nos observamos desde afuera, formamos parte de algo mucho más grande que nosotros y que no podemos ni siquiera imaginar.

La ciencia y la tecnología nos han dado una pintadita de cómo nos vemos desde afuera de la tierra o incluso en la galaxia. Pero eso, es solo un mini trozo de lo que existe allí afuera, lo que nos confirma que formamos parte, como dije, de algo mucho más grande que nosotros y que, si a eso le agregamos que somos seres con centros de energía en movimiento, con emociones, sensaciones y pensamientos que pueden transformarse, entonces podemos entender, de alguna forma, que sí debe de haber una conexión con otros. Si no, ¿de qué forma nos movemos todos juntos?

Algo similar a cuando calentamos agua y sus partículas se convierten en vapor o se quedan en el contenedor. Las moléculas de agua fría, se mueven de cierta forma, pero se mantienen juntas, mientras que las moléculas de agua caliente, se transforman y se van como en una neblina.

Así somos los seres humanos también. Formamos parte de algo mayor y depende de nosotros si cambiamos y nos movemos a otra forma de consciencia, a otro estado físico o, incluso, si nos mudamos de casa a otro lado.

Pues aquí viene la experiencia de pasar de un portal a otro o de ser un portal energético.

Los humanos somos como pilas energéticas.

Tenemos centros nerviosos y cambios químico—físicos que producen la energía que usamos para vivir día a día, para trabajar o crear nuestra realidad.

Si comenzamos a hacer consciencia de que cada centro de energía que producimos está conectado a otro y que, en conjunto, todos ellos producen la energía que nos mantiene vivos en esta mágica máquina llamada cuerpo, podemos usarla para proyectarla en nuestra realidad y para conectar con la tierra y con el Universo entero.

Un ejemplo muy claro de cuando nos convertimos en pilas energéticas o túneles de energía consciente, es cuando meditamos, porque concentramos nuestra atención y energía en el solo ser o estar. El detalle es que, si no conocemos o si estamos atentos constantemente a nuestros pensamientos en el mundo de los programas subconscientes e inconscientes que vamos generando desde pequeños, podemos dirigir nuestra energía inconscientemente hacia donde no queremos o abrir portales energéticos que no entendemos.

Hablando de portales de la tierra, puedo mencionar miles de artículos que hablan de los descubrimientos de campos electromagnéticos alrededor de nuestro planeta, que se cruzan entre sí y que conectan con los astros. En este caso particular, agrego uno que habla del descubrimiento de un campo entre el sol y la tierra. Aquí te dejo el que fue publicado en El Universal, el 9 de noviembre del 2008.

"Descubren portales magnéticos sobre la Tierra"

"Toneladas de partículas de alta energía pueden fluir a través de estos, antes de que se cierren, en el lapso en que usted termine de leer este artículo. "Este fenómeno se conoce como evento de flujo de transferencia o FTE", señaló David Sibeck, científico de la NASA. "Diez años atrás yo estaba seguro de que no existían, pero ahora la evidencia es incontrovertible", afirma el investigador.

Los científicos dieron a conocer su descubrimiento en un congreso internacional de física espacial en Huntsville, Alabama, donde informaron que los FTE'S no sólo existen, sino que son más comunes de lo que se pensaba.

Los investigadores conocen desde hace mucho tiempo que la Tierra y el sol están conectados. La Magnetosfera de la Tierra (la burbuja magnética que rodea nuestro planeta), está llena de partículas del sol que llegan a través del viento solar y penetran nuestras defensas magnéticas. Entran por las líneas del campo magnético, que pueden ser rastreadas desde tierra firme en su viaje de regreso al Sol.

Stargate magnética.

En el lado del día terrestre (el lado más cercano al sol), el campo magnético de la Tierra se prensa contra el campo magnético del Sol. Aproximadamente cada ocho minutos, los dos campos se fusionan brevemente, formando un portal a través del cual las partículas pueden fluir.

El portal adopta la forma de un cilindro magnético del tamaño de la Tierra. Cuatro naves espaciales Cluster de la NASA y cinco sondas THEMIS de la agencia espacial Europea han volado a través de estos y rodeado los cilindros, midiendo sus dimensiones y detectando las partículas que golpean en ellas. "Son reales", dice Sibeck".

O lo escrito por Hartman, Curry, Benker y Peyre[22], donde hablan de líneas y radiaciones que varían de acuerdo con los ciclos solares.

El punto aquí, es que hagamos consciencia de que la tierra tiene variación de energía como nosotros, que tiene puntos de energía y líneas que varían tal y como nosotros. El artículo del campo magnético entre el sol y la tierra, nos da una perspectiva más profunda de que, la conexión que nuestra tierra tiene con el sol, es directa y está en constante movimiento.

Si con estas ideas generales de las conexiones entre el sol, la luna y nuestro planeta y entre nuestro planeta y nosotros, sus movimientos y la energía que puede estar relacionada con todos ellos, podemos concluir que algo de eso nos llega como seres en la tierra.

Si vamos a nuestro interior, en relación con el tema de los chakras y energías internas, podremos entender un poco más nuestra conexión con la tierra, el sol, la luna y con todo lo que existe en el Universo, logrando utilizar cualquier energía que provenga del exterior y transformarla.

Cuando conocemos más de esos campos energéticos y generamos una conexión consciente con la tierra, es cuando nos volvemos portales energéticos de esta.

En ocasiones, nos convertimos en portales sin tenerlo cien por ciento consciente y es aquí donde vienen los problemas o, incluso, es cuando nuestra vida comienza a bloquearse o no fluye como deseamos, debido a que esa energía que se mueve dentro y fuera de nosotros tiene fallas o algún foco apagado.

---

[22] Doctores que dedicaron su vida al estudio de radiación, energías y vórtices de la tierra.

Tal y como las series de luces de los árboles de navidad, cuando una lamparita no funciona, la serie entera o parte de ella deja de funcionar. Pues así nos pasa a nosotros. Si algún punto energético dentro de nuestro cuerpo no está trabajando bien, al resto le pasa que también tiene problemas que se manifiestan en situaciones de nuestra vida diaria o en alguna enfermedad o padecimiento físico.

El portal abierto en mi casa

¿Recuerdas la historia que te he contado de la señora fantasma que vivía en mi casa?

Pues quiero platicarte que, en mi búsqueda por limpiar mi hogar de todo ente que no entendía, pude comprender cómo es que ciertos seres se quedan atorados entre dimensiones y otros tipos de energías y entidades con las que tuve que lidiar, aparte del porqué y cómo es que estaban ahí.

Aquí te explico mi vivencia.

Pues en mi afán de purificar mi casa, me puse a meditar. Mientras lo hacía, me ha llegado que debía convocar a ciertas energías para lo que quería realizar.

Entonces, hice un círculo con velas y convocando a la madre tierra, sus elementales, guías espirituales y maestros ascendidos para que me ayudaran, comencé a ver luces de colores alrededor del círculo. El color más presente fue el azul índigo, al que relacionan con el Arcángel Miguel, pero yo solo me dediqué a agradecer y a solicitar información de lo que debía hacer en aquel lugar.

Mágicamente, mientras meditaba, vi a una mujer que pude sentir representaba a la madre tierra, que surgía del suelo y se liberaba, como si hubiera estado dormida, no tenía piernas, eran como ramas de un árbol que se abrían al suelo. Cuando pasó eso, me di cuenta de que ya había hecho lo que se me solicitó y terminé mi meditación.

Lo que no supe hasta mucho tiempo después, es que había abierto un portal dimensional, ni lo delicado de lo que realicé.

Al pedirle al espíritu que vivía ahí que se fuera en un tubo de luz, abrimos un portal. Todo estaba bien hasta ahí. El detalle es que nunca pusimos la intención de cerrar aquel tubo de luz, al quedar "abierta una puerta", dejamos un portal abierto, donde comenzaron a aparecer toda clase de entidades que me atemorizaban y que en ese tiempo no entendía.

Teníamos pesadillas con toda clase de dimensiones y lugares. Mis hijos y yo sentíamos y veíamos cosas que no podíamos explicar, por ejemplo, que se movían objetos y juguetes, los que cambiaban de lugar.

Toda esa serie de situaciones me orilló a encontrar ayuda, gracias a la cual finalmente pudimos dormir tranquilos tras la lectura y cierre del portal, como ya lo he mencionado en otras partes de este libro.

Por si tienes dudas acerca de qué son densidades, dimensiones, frecuencia, el prisma de la lira, puedes consultar el glosario que te he dejado al final de este libro.

Portales orgánicos o vampiros energéticos

Los portales orgánicos o personas que nos drenan la energía o vampiros energéticos, siempre han sido un tema que me causó mucha curiosidad, porque dentro de mis creencias religiosas impuestas desde que era chica, me dijeron que todos somos iguales a los ojos de Dios. Por eso, es que no podía comprender que existieran seres que hicieran cosas que no entendía o que, a los ojos de muchas personas, eran 'malas'.

Para explicar a los vampiros energéticos, me gustaría hacerte esta pregunta:

¿Te ha pasado que cuando has hablado o interactuado con alguien, has sentido más cansancio o te ha bajado la energía de inmediato al terminar de charlar? En teoría, esa persona pudo haber sido un vampiro energético o tenía un portal orgánico abierto.

Pues, así como existen portales en la tierra, hay portales orgánicos en las personas, portales dimensionales en los lugares o casas y, en la que yo viví, existía uno abierto, el que yo misma abrí. A partir de ahí, llegaron muchas entidades o seres que entraban y salían para poder vivir en la tierra con mi energía y la de mi familia.

Yo sé que estos temas parecen irreales o van en contra de muchas creencias que hemos tenido desde hace miles de años, pero te puedo decir que, con base en mi experiencia y a lo que he aprendido, ya es tiempo de que vayamos abriendo nuestra consciencia a algunos eventos que han venido pasando y que no queremos reconocer como ciertos o reales.

Por eso, te invito a que, si te cuesta trabajo o si has comenzado a generar juicios de duda o miedo, solo sigas leyendo, dejando estos temas como informativos.

Por el contrario, si es algo que quieres seguir aprendiendo o leyendo más, pues es porque ya llegaste a un nuevo nivel de consciencia o quizá a una nueva forma de ver la vida.

Si es que has escuchado hablar de los centros energéticos llamados chakras, puedes confirmar que la mayoría de los sitios de artes marciales o maestros de la edad antigua del Oriente, hablaban generalmente de siete chakras[23] o centros de energía que se mueven en círculos dentro de nosotros, que

---

[23] Chakras, qué son y cómo funcionan. Ver Glosario.

todos estos centros generan energía y que están conectados con nuestros sentidos, emociones, acciones y pensamientos.

Una vez que comencé a estudiar los portales orgánicos que se abren en los humanos y aquellos que son llamados vampiros energéticos, pude entender que existen seres humanos que solo tienen activos los tres primeros chakras que los conectan a la tierra.

No es que estén defectuosos, no es que estén enfermos o sean malos, estos humanos solo están en un proceso evolutivo diferente y es su papel en la tierra pertenecer con solo tres chakras. De hecho, estos seres son un elemento esencial en la tierra, para que el ser humano evolucione en balance y sintonía con todo el universo. Pero cuando lo aprendí, no podía creer que existieran seres con solo tres chakras.

24

---

24 Imagen tomada de: https://en.wikipedia.org/wiki/Chakra#/media/File:Chakras_map.svg

Lo primero que pensé fue:

—Pero... ¿Cómo? A mí siempre me dijeron que todos somos iguales a los ojos de Dios. Pues yo lo tomé literal. ¿"Iguales"?—
.

La realidad es que todos venimos de la fuente Universal y se nos provee una alma, pero no todos funcionamos igual, eso nos hace un poco diferentes. Quiero aclarar que esas diferencias no tienen nada que ver con las razas ni los colores ni los idiomas ni el dinero, situación que siempre sale a la luz cuando hablamos de este tema.

Como seres espirituales, algunos de los que estamos encarnados, hemos venido evolucionando espiritualmente. Quizá cuando decidimos llegar a la tierra, se nos ha permitido hacerlo como una planta, luego fuimos un árbol, después un animal (seres de primera y segunda dimensión), aunque cabe aclarar que no todos hemos pasado por este proceso. Hay quienes han llegado directamente a seres humanos de tercera dimensión, ya que su proceso de evolución lo han realizado en otro lado.

Quizá, algunos de los que estamos leyendo estas líneas, hemos encarnado en otras vidas con solo tres chakras trabajando, y en esta encarnación ya hemos tenido la experiencia de pasar a los siete chakras. La realidad es que, si tienes un interés espiritual, es porque tienes SIETE CHAKRAS TRABAJANDO. ¡NO HAY DUDA!

¿Por qué digo esto? Pues porque a los portales orgánicos o seres con tres chakras base activos, al no tener los del corazón, no les interesa ningún tema que tenga que ver con lo que no ven, sienten o incluso perciben. Y si llegaron aquí y aún creen que todo esto es un circo o cosas irreales, es muy probable que dejen de leer. Pero lo importante, es que ellos están y viven a nuestro alrededor todo el tiempo, ya que, sin nosotros, es decir, sin seres con más de tres chakras, no podrían sobrevivir mucho tiempo en el mundo actual.

Al ser un mundo lleno de emociones y ahora con más información de temas de consciencia y cambio de era, estos seres necesitan, para seguir en esta tierra, de otros que les brinden una luz en sus centros que no tienen desarrollados. Tienen el equipo, pero digamos que no está prendido, por lo que se acercan a seres que sí tienen sus luces encendidas al cien por ciento para imitar esa función y tener un poco más de energía en sus cuerpos físicos.

Trabajando con nuestros chakras

Todos hemos escuchado sobre los chakras, pero ¿qué tanto sabemos de ellos? ¿Cómo trabajan? ¿Dónde se encuentran y para qué sirven?

Es importante saber que, en nuestro cuerpo, tenemos centros de energía que son como nuestras pilas y que, a través de ellas, corre esa fuerza que se esparce hacia toda nuestra masa corporal.

Son centros súper importantes que han sido muy poco valorados o expuestos como algo exclusivo a las personas que ejercitan su lado espiritual.

Todos tenemos al menos tres centros de energía trabajando en nuestro cuerpo, de aquí algunos tenemos siete o trece centros activos.

¿En qué consiste que tengamos esas cantidades y por qué solo algunos los ejercitan?

Precisamente por el nivel evolutivo y de consciencia que cada ser tenga. Entre menos centros, menos evolución, entre más centros activos, más evolución. La activación de estos centros puede ser realizada, si se abre la consciencia de la persona y esta quiere brincar de nivel evolutivo. Es totalmente cuestión de voluntad consciente.

¿Cómo darnos cuenta de cuántos centros tenemos?

Hay varias técnicas, pero yo utilizo la conexión con el Yo superior de la persona para preguntar su nivel y el número de centros trabajando. De aquí, se puede solicitar se abra el resto y cuál es el trabajo que la persona requerirá para pasar de nivel y obtener más centros energéticos.

Generalmente, a aquellas que tienen tres, no les interesan estos temas, así que dudo mucho que se encuentren preguntando si se les activan los demás centros.

Yo intenté ayudar a alguien y esa persona se negó rotundamente a cambiar de nivel, por lo que no puedo hacer nada al respecto y no creo que nadie pueda, si no se obtiene con el permiso consciente de la persona.

Por aquellas que ya cuentan con siete centros energéticos, pero los tienen inactivos o sin trabajar, se puede hacer mucho, debido a que con su sola existencia, se brinda un apoyo al ser para su propia evolución. En ese caso, sí se puede preguntar qué es lo que se requiere para activarlos y echarlos a andar.

Para los que cuentan con siete chakras activos, podría decir que amanecen uno que otro día con estos centros desbalanceados, siendo su trabajo diario mantenerlos activos y en balance.

El problema es que no se nos ha enseñado a rebalancearlos. Sin embargo, es muy sencillo hacerlo, lo difícil es mantenerlos en ese balance, debido a que se modifican por los estados de nuestros pensamientos, de nuestras emociones y sensaciones y por cada actividad que realizamos.

Entre más centrados y en calma, más balanceados estarán o menos caóticos tendremos nuestros centros.

¿Cómo podemos mantener todos nuestros centros o chakras balanceados constantemente?

Pues de la manera en que vivimos, es decir, siendo agradecidos todos los días, por cada segundo de nuestra existencia, tal cual es.

También si vivimos en armonía con nuestras emociones, pensamientos y sensaciones; si cuidamos nuestra alimentación y nuestro cuerpo; si ponemos atención a nuestras palabras hacia los demás intentando mantener nuestras relaciones lo más amorosas y con mucha comunicación consciente; si cuidamos de nuestros hogares incluyendo a la madre tierra, y regresamos lo que tenemos en excesos con los que contamos para rebalancear algún lugar u hogar de la tierra.

Pero, si queremos reiniciar nuestros centros colocándolos a cero, así como cuando apagamos nuestra computadora porque ya no responde bien, hay miles de ejercicios que los balancean.

Por ejemplo, la sola intención de sentarnos en silencio, pensando activamente en cada uno de ellos, repitiendo los sonidos que cada uno lleva asociados, podemos rebalancear mucho nuestros chakras.

Por mi parte, recomiendo utilizar un video de Deepak Chopra[25] donde va guiándonos y haciendo los sonidos con nosotros, ese me sirve mucho, pero tú puedes usar el método que mejor te guste.

Ya que sabemos un poco más de los centros energéticos o chakras, podemos seguir con los portales, porque tenemos que ser conscientes de cómo funcionan, para cuando estemos en presencia de un portal orgánico.

¿Quiénes son estos? Algunos les llaman Portales Orgánicos, Vampiros, Psicópatas, etcétera.

---

[25] Deepak Chopra equilibrio de los chakras en 3 min

Me he encontrado la página donde David Topí nos habla de los Portales Orgánicos ampliamente, y te dejo una parte aquí debajo, por si quieres investigar más a fondo.[26]

"...Para poder entender mejor a los Portales Orgánicos, primero debes entender cuál es su propósito. Las funciones principales de un Portal Orgánico son una o todas las siguientes:

- *Desviarte de tu objetivo de vida, desfalcarte y sabotearte.*

- *Chupar tu energía.*

- *Mantenerte en regla con el Sistema de Control.*

Estos son los tres propósitos principales de cualquier Portal Orgánico. Aunque estos mismos también establecen los límites de qué tan lejos pueden llegar. Hay rasgos únicos en personas almadas, rasgos únicos a Portales Orgánicos y rasgos compartidos por ambos. De cualquier manera, los rasgos comunes no pueden hacer una determinación absoluta, aunque una cantidad sustancial puede desplazar la probabilidad bastante hacia un lado o el otro. Sin saber algo sobre alguien, tienes una oportunidad de 50/50 en identificarlos correcta o incorrectamente. Cualquier observación que haces acerca de ellos, automáticamente incrementará la probabilidad en cualquier sentido. En algún punto, se vuelve claro cuál es el caso.... Así que tomando esto en cuenta, aquí hay algunas de nuestras observaciones.

En general, los Portales Orgánicos son...

- *Máquinas Reaccionarias y maestros de la mímica.*

---

[26] davidtopi.com. Portales orgánicos para principiantes, por Carissa Conti & Montalk: www.montalk.net/spanish/139/portales-organicos

- *Estancados, incapaces de la evolución personal.*

- *Unidimensional / Toda forma sin sustancia.*

No demuestran el alto rango de rasgos y chispa de personalidad y emociones que una persona 'normal'. Su conversación es también algo unidimensional, solo girando alrededor de temas que empatan con el Sistema de Control.

Hay una falta de profundidad en ellos, y en las cosas que dicen.

- *Previsibles*

- *Peones fácilmente manipulables por el Sistema de Control.*

- *Muy manipuladores por sí mismos.*

- *Programados para mantenerse dentro de los renglones del Sistema de Control.*

Esta descripción se ajusta a una gran cantidad de personas que administran el mundo, que carecen de consideración por cualquier cosa salvo ellos mismos y los intereses de su grupo, al detrimento de todos los demás sobre el planeta, y la Tierra misma. Pero también puede calzar la descripción, y usualmente es así, de personas comunes como la familia, trabajadores y amigos que nos rodean en la vida.

Por eso, el propósito principal de identificarlos, es para obtener conocimiento y dejar de racionalizar su comportamiento sobre la base de que ellos deben ser iguales a ti, es aplicar el conocimiento que impide que hagas falsas premisas sobre las cosas que pueden o no hacer.

Primeramente, debes reconocer y entender que estás tratando con alguien que no es igual que tú. Comprende íntegramente que ellos no funcionan igual que tú. Esta no es cuestión de prejuicio, sino de discernimiento. Nada que puedes decir o hacer logrará generar auténtico amor, simpatía o consideración de ellos, no importa cuán duro lo intentas, porque simplemente son incapaces de ello. Nunca jugarán por las mismas reglas que tú. Y lo más importante, no los puedes cambiar...

...Su fuerza es directamente proporcional a nuestra debilidad espiritual. Es interesante ver lo que sucede cuando te defines y dejas de entregarte a una de las armas más poderosas del Sistema de Control. Observa las diferentes maneras en que los Portales Orgánicos (y las personas en general) a tu alrededor, reaccionan cuando ya no caes por sus tonterías. De nuevo, ten en mente que es importante no hacer juicios ásperos acerca de quién podría ser un Portal Orgánico".

Lo importante de este tema, es que estemos conscientes de que vivimos en un mundo con seres que funcionan diferente a nosotros y que debemos aprender a cuidar nuestra energía. Saber identificar a estos chicos traviesos que "necesitan" vivir de los demás, es algo vital para los seres despertando.

El vivir o convivir con un ser que "te roba" o "succionan" tu energía es desgastador. Hay ocasiones en las que, sin darnos cuenta, estos seres se te pegan o es como si te hubieran conectado un cable y de ahí sacado tu energía. Así, mientras que nosotros nos sentimos acabados, cansados, adoloridos, ellos están rebosantes de energía y les puede dar hasta calor.

Cuando por alguna razón te encuentras en una situación similar, tienes que pensar lo siguiente:

1. ¡Claro que puedo vivir sin esta persona!

2. Si estoy con esta persona o en este trabajo con estos compañeros o jefes, es porque yo así lo decido.

3. En cualquier caso o situación, somos nosotros los que elegimos vivir cerca a estos seres, las preguntas son:

   a. ¿Debo cambiar de trabajo o situación por estas personas?

   b. ¿Debo aprender a convivir con ellos?

   c. ¿Debo renunciar a mi relación con esta persona?

   d. ¿Quiero aprender, de esta manera, a lidiar con este intercambio de energías?

Todo es cuestión de decisiones personales y libre albedrío, nadie puede actuar sobre nosotros si no lo permitimos.

Es impresionante la capacidad de estos seres para engancharse a nosotros, aun cuando contemos con el conocimiento y la capacidad de liberarnos de sus juegos e, incluso, cuando tengamos todo el amor del mundo para entenderlos.

La realidad es que ellos nunca comprenderán nuestras actitudes, las que se les tornan dramáticas o sin sentido.

Te recomiendo el ejercicio de las cuatro As.

Ejercicio de las 4 A's

1. Ámalo

2. Acéptalo

3. Aprende a limpiar tus energías periódicamente. Para lograrlo, existen diferentes métodos.

4. Aprende a fortalecer tus límites energéticos diariamente.

Busca fortalecer tus centros energéticos, limpieza y armonía de tus chakras, para que esto te mantenga centrado y tengas claridad de qué hacer cuando un portal orgánico está cerca.

Mientras tanto, puedes iniciar tomando notas diarias que te ayuden a entender tus estados mentales. Revisa tus apuntes semanalmente. Verifica si has meditado o si tienes respiraciones conscientes.

Identificando donde hay portales abiertos

Es muy sencillo ver si existe algún portal cerca de nosotros que se encuentra abierto.

Una forma de identificarlo es:

- El cansancio que nos produce una persona o lugar.

- Si hay mucho caos en ese sitio o mucha desorganización.

- Si hay muchos problemas o crisis constantes.

- Si han pasado tragedias graves o muy desagradables.

- Si cuando vamos a ese lugar nos sentimos mal, teniendo una sensación de angustia o malestar.

- Si sentimos que está algo atorado o que no se mueve como regularmente estamos acostumbrados.

Si algún punto o todos como estos te están pasando, lo más seguro es que estés en un vórtice o portal y, lo que recomiendo, es que hagas respiraciones profundas y que te muevas de ese lugar para hacer tus meditaciones.

Recuerda guiarte por tu intuición.

Guías espirituales y entidades.

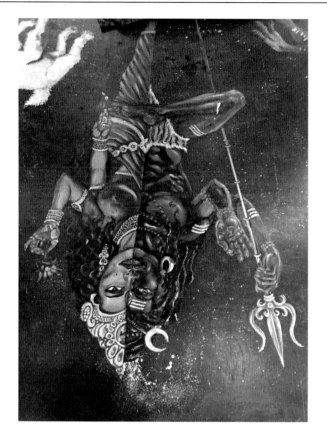

En este segmento, hablaré de las diferencias entre guías espirituales, entidades y algo más, como así también, te daré algunos ejemplos de experiencias y de cuando aparece en nuestra existencia, el mundo mágico de los espíritus y entidades.

Entendemos como ente a cualquier cosa o ser que tiene existencia real o imaginaria.

Si partimos de esta definición, todo a nuestro alrededor puede ser considerado una entidad.

Tenemos entidades bancarias, mundiales, familiares. En realidad, hay miles de tipos de entidades, pero en este caso específico, quiero hablar de las que no son visibles, de las que no podemos formar un concepto objetivo o concreto sobre ellas, pero que existen en la tierra y son reales, tanto como las creadas por la consciencia colectiva, por nuestra imaginación o por las religiones. También se trata de aquellas que ni siquiera sabemos que están, pero que sí nos pueden alterar un poco nuestra existencia.

Ya hemos hablado del poder tan grande que tienen nuestra mente y nuestras palabras. Entonces, si a ese poder de una palabra con una intención dirigida para crear algo, le agregamos energía consciente, podemos ser los creadores de nubes energéticas que se conviertan en entes que caminan a nuestro lado y modifican nuestro entorno.

Voy a poner un ejemplo.

Alguien, constantemente, habla de lo mal que está el mundo y la economía del país, que nuestros gobiernos son terribles y responsables de sus miserias diarias. Así se forma un comentario familiar donde todos opinan sobre el tema, creando emociones de debate y resentimiento, pues llegan a la mente las deudas que les generan estrés y ansiedad. Ahí, en esa familia, se va formando un ente al que le llamaremos Ente de la Consciencia Colectiva Familiar o CCF.

Ese CCF ahora se encuentra en la casa familiar, como una nube que se mueve dentro de su entorno. En ese momento, llega una amistad que tiene problemas económicos y con una energía desbalanceada, por lo que está muy vulnerable.

Ella pasa justo por donde se encuentra esa nube CCF y... ¿Qué crees que sucede? Pues que se inunda más aún con esa baja energía, llevando a su casa inconscientemente su nube aún más pesada de la que trajo, además de muchos bloqueos a su vida diaria.

Algo similar son las energías de los ángeles, a los que por miles de años se les ha dado nombres y fuerza, generando estos entes que son muy fuertes y que tienen consciencia propia.

Pero, en los que me gustaría enfocarme en este segmento, es en aquellos que son muy traviesos y que vienen a poner un balance en el mundo de la tercera dimensión, pues en él debe existir un equilibrio de 50/50 para que todo funcione coherentemente, generando el movimiento de las creaciones.

Para que esto suceda, debe ser 50 de luz y 50 de sombra; 50 de negro y 50 de blanco o 50 de positivo y 50 de negativo.

Si movemos la imagen del Yin Yang en círculos, podremos ver lo siguiente:

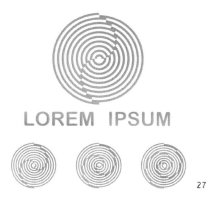

Todo lo que existe en balance y en movimiento, genera la forma de un caracol, que se encuentra en todos los aspectos, materializada en la tierra. Desde un pequeño grano de arena, una conchita del mar o nuestra propia evolución, todo se comporta con ese movimiento.

Pero, volviendo a las entidades, para que ellas persistan en la tierra materializada, necesitan ser de dos tipos, las blancas y las negras, que son las que mantienen el equilibrio para que todo se materialice con esa forma de tirabuzón, por lo que tenemos al bando de los blancos o guías positivos y el de los negros o guías negativos.

Las religiones han puesto a los negros en un lugar no deseado y a los blancos en los deseados y requeridos. Incluso en cualquier evento, meditación o reunión, quieren invocar a la luz como si no tuviéramos luz interna y fuéramos pura oscuridad. La realidad es que tenemos ambas, luz y oscuridad, en la misma cantidad y, si nos inclinamos con el bando de los blancos, alguien va a tener que irse al lado de los negros, es decir, que deberemos mandar a alguien al diablo o al infierno, literalmente.

Así que, la próxima vez que escuches decir que van a pedir que llegue la luz, ya sabes que esas mismas personas están mandando a alguien a la oscuridad. No lo hacen porque son malos sino por inconscientes, es decir, no tienen idea de que, al invocar la luz, también están llamando a la oscuridad. Pero bueno, ese es otro tema. Seguimos con las entidades.

Todo lo que existe en la tierra, incluyendo todo tipo de entidades de diferentes dimensiones que puedan subsistir en ella y guías espirituales, se rigen por la misma regla de tercera, cuarta, quinta y sexta dimensión, pues de la séptima en adelante ya no hay dualidad, en ellas todo solo es.

Lindo, ¿no? Por eso me gusta esta explicación.

Me encanta ir de viaje arriba de la sexta, ahí solo se es, pero como tenemos un cuerpo físico, nos quedamos entre la tercera y la quinta, pues si llegamos a estar en la sexta, ya nos podríamos llamar iluminados.

Solo pocos seres humanos han llegado a esta etapa y son bien reconocidos, como Ahala, Jesús, Mohamed, Buddha, entre otros más.

En cuanto a los guías espirituales, tienen un cierto rango dentro de las entidades en la tierra. Ellos cuentan con una conciencia de quinta y sexta dimensión, por lo que pueden leer nuestros pensamientos, ver nuestros patrones de consciencia y supraconsciencia, además de nuestras debilidades y traumas, es decir, pueden ver todo nuestro libro del akasha, enfocándose en nuestros aprendizajes, o sea, en lo que venimos a aprender en la tierra para pasar de nivel evolutivo.

Tanto los del bando blanco como los del negro tienen el mismo objetivo, apoyarnos en nuestro nivel evolutivo, están ahí para mantener el balance. Así, en caso de que se nos ocurra invocar a los blancos, llegan los negros y así sucesivamente.

Entre más conscientes seamos de nuestros pensamientos, acciones y palabras, entre más averigüemos sobre los patrones que guardamos en el inconsciente y en el supraconsciente y los limpiemos, más tendremos visitas neutrales de estos amigos.

Si, por el contrario, ejercemos la barita mágica y tratamos de invocar lo que no conocemos, intentando traer luz a la tierra para eliminar el mal, lo único que provocaremos es que llegue a visitarnos uno de esos amigos negros, que solo tiene la misión de llenar con un poco de su oscuridad nuestros ambientes, para que no causemos caos en el universo.

En el transcurso de mi vida, cuando conocí el mundo de los Akáshicos y de los espíritus, se me aparecieron estos amigos del bando negro, los que para mí, en ese tiempo, eran muy fuertes. ¿Por qué digo que eran fuertes? Pues, porque mis propias energías eran vulnerables y débiles, mi cuerpo físico tenía niveles de metales altos, muchas toxinas y comiendo alimentos que me mantenían inflamada, lo único que podía hacer era meditar para balancear mis centros energéticos. Pero, una vez fuera de la meditación, regresaba a un punto donde estos amigos encontraban una fuente de alimentación constante en mí, mi familia y amistades cercanas.

Debido a que esas entidades encontraban un manjar delicioso en mis energías, permanentemente me tiraban jugadas que me hacían deprimirme o dudar de mis estados, incluso mentales, de mi pareja y de todo aquel que se acercara para alimentarse de mis energías y ayudarme a pasar al siguiente nivel evolutivo.

Los juegos de estos amigos oscuros son muy básicos. Nos acercan a todo aquello que tememos o lo que nos molesta, lo hacen obvio. En fin, nuestros más bajos instintos son movidos por esos amigos que, lo único que quieren, es que nos centremos y que cuidemos de nuestra energía.

Quiero dar algunos ejemplos de situaciones donde tuve que lidiar con guías espirituales oscuros o con entidades del bajo astral, guardianes de algún nivel en el astral y entidades que me voltearon mi modelo de creencias.

Percibí una larga capa, que se paró detrás de mí.

Unas de las vivencias que más me paralizaron, han sido las paranormales, por ejemplo, cuando entidades bastante altas, con vestimentas como los Jedis de *Starwars,* con capas largas oscuras y capuchas, se me presentaban tratando de intimidarme.

Una de las primeras que recuerdo, me hablaba con voz bastante fuerte y amenazante, diciéndome que me haría daño, pero en ese tiempo, yo había leído que esos entes te tratan de enredar con tus miedos y pensamientos, pues para ellos, es solo como un juego. No puedo mentir que por dentro moría de miedo, pero algo me decía que era capaz de lidiar con eso, por lo que le dije:

—Como tengo cuerpo, soy más fuerte que tú. No me importa lo que digas, pues solo quieres jugar conmigo—.

Al minuto, sentí que se había desvanecido.

En otra ocasión, un ser muy alto con plumas, alas y patas de pájaro entró por la puerta de mi recámara cuando meditaba. El corazón casi se me para del susto, pues nunca creí ver algún ser similar. Aparte, no tenía parecido alguno con nada de lo que yo hubiera visto en alguna película. (Escuché que alguien le decía: "No entiende quién eres, está asustada"). Al ver que no podía comprender el porqué de su aparición, se convirtió en una mujer nativa con trenzas, parecida a una enfermera o a una sanadora.

Otros seres que pude ver, aparecieron en una ocasión cuando alguien quería alejarme de mi padre y, para hacerlo, contrató a un chamán[28] en México, para que me hiciera un hechizo y así lograr su objetivo.

Cuando me di cuenta de que había algo extraño que yo no entendía, me puse a meditar y a realizar mis lecturas y afirmaciones. Fue al entrar en estado de meditación profundo, que pude observar a dos criaturas enormes, más grandes que una casa entera, a ambos lados de la recámara donde me hospedaba en casa de mi padre. Tenían cara de lobos y eran demasiado intimidantes, mi misión era atravesar aquella puerta, entonces, me llegó este mensaje: "Recuerda quién eres".

Eso me llenó de energía y seguridad en mí misma y, sin parpadear, pasé por esa puerta y le pedí a esos enormes

---

[28] Referencia en el Glosario

animales que se fueran a donde pertenecían. Ellos solo se dieron la vuelta y se fueron.

En esos momentos, las luces de la casa parpadearon, pues la energía que esas criaturas tenían, era tan fuerte que se escucharon como pasos en la azotea. Nadie entendió lo que sucedió y, obvio, trataron de darle una explicación lógica y olvidar el asunto. Pero yo comprendía que alguien había mandado a esas criaturas a mi puerta.

En otra oportunidad, me sentía bastante inquieta y agotada. Mi hijo se despertó a medianoche y yo no aguantaba el cansancio. Le dije que tratara de dormir, pero me miró y gritó:

—¿Dónde está mi mamá? ¡Ella no es mi mamá!—.

Al mismo tiempo, pude ver una nube oscura flotando sobre él. Me encontré totalmente paralizada del miedo y la incertidumbre.

Corrí a lavarme la cara, llevé inciensos y le recé a los miles de santos que mi madre y mi escuela me habían enseñado a rezar como merolico. Pero, como en ese tiempo ya comenzaba a aprender sobre las energías, portales y entidades, después del evento, pude entrar en razón y entender que yo tenía una entidad acechante y que la nube era una entidad acechando a mi hijo.

Estas entidades son fáciles de sacar cuando las descubres, pero si no tienes consciencia de que existen, es muy complicado explicar qué pasa.

Así como experiencias de terror, también he tenido bellas, con cosas no tan desagradables a la vista, como luces de colores cuando meditaba, pequeños seres que se encuentran al cuidado de las plantas o árboles.

Todas esas entidades pueden ser del bajo astral, que se materializa por las energías de la tierra y la naturaleza, como aquellos a los que les llaman gnomos y hadas.

Hay seres que se manifiestan en la naturaleza, son muy sutiles y bellas energías. Ellos también nos ayudan y coexisten con nosotros, aunque hay otros que son parte de los oscuros del bajo astral. Hay un mundo de niveles en el astral y muchas energías de las que no tenemos idea de que están ahí, muy cerca de nosotros.

Hay seres con energías tan fuertes que les llaman demonios, son similares a los guías espirituales oscuros, pero estos son parte de la Consciencia Colectiva humana. A lo largo de los miles y miles de años de co—creación, los humanos han creado esas entidades que han generado sus propias energías conscientes, que se mueven junto al consciente colectivo de lo que la humanidad tiene por bueno o malo.

Ya con años de experiencia lidiando con entidades, limpiando espacios y consciencias, de repente, me llegaban nuevas sensaciones. Me generaba un poco de inquietud pensar que había algo más que yo no entendiera, por lo que necesitaba aprender.

Y, justo ahora, me encuentro que las energías de la tierra constantemente ayudan a que esos cambios se generen en todos los seres que la habitamos. Aquellos que, para mí, antes eran guías espirituales oscuros o entes del bajo astral, ahora pueden ser algo completamente diferente, con propósitos o misiones similares, pero nunca iguales.

Cuando finalmente entendí quiénes eran estos seres y cuál era su misión, solo llegaban cuando alguien cercano a mí tenía situaciones que podía solucionar o debía aprender. Ya no representaban peligro alguno, solo usaba mis herramientas y les daba el pase elegante para que siguieran de largo.

Si la persona entendía sus aprendizajes y entraba en más consciencia, en ese momento, cualquier energía o ente se retiraba. Mientras tanto, si ese ser humano regresaba a sus antiguos patrones de temor e inconsciencia, estos seres seguían al acecho hasta que lograra pasar la prueba, ya sea en esta vida o las que le quedaran, para poder evolucionar al siguiente nivel.

Hay muchos tipos de entes y guías que se encuentran ahí en el astral o éter, pero como están en otra dimensión y nivel de consciencia, no son percibidos por nosotros si nos encontramos en el tercer nivel, que es en el que usualmente estamos en nuestro diario vivir.

Salvo que seamos monjes que meditemos constantemente y por periodos largos de tiempo o que nos convirtamos en unos maestros para viajar por los diferentes tipos de consciencia de un nivel de tercera a una sexta en segundos, aparte de mantenernos ahí por largos periodos de tiempo, no podremos observar su presencia, o al menos no por mí.

Quizá ya existan seres que sí los perciban o vean siempre, por los cambios de la tierra y sus campos electromagnéticos de los que hablamos en la sección de los portales.

Ya hemos mencionado el astral, el éter, que como el Akasha, se refiere a lo que nos contiene, como menciono en otras partes de este libro. Quiero explicar sobre estos conceptos.

El éter o astral es donde nos encontramos en la tierra. Es decir, el espacio que nos contiene dentro de ella, es considerado como ese lugar invisible donde se encuentra todo lo que no vemos a manera de tercera dimensión. En el astral o akasha, está todo aquello que se encuentra en nuestros cuerpos espirituales y del alma vinculado con nuestro cuerpo físico a través de nuestros centros energéticos o chakras y nadis[29].

Hay personas que son extra sensibles o tienen ese sexto sentido, como si ya vinieran con otro chip energético adaptado a los cambios electromagnéticos de la tierra, así como los Niños

---

[29] Referencia en el Glosario

de la Nueva Era, que pueden percibir diferentes clases de energía, tanto en las personas como en su entorno. Solo ellos nos pueden dar una idea de las diferencias de estos seres.

Pero, aun así, como los campos electromagnéticos de la tierra están en constante cambio, todos los seres que la habitamos estamos en constante cambio también, incluyendo a cualquier clase de entidad o ser que esté aquí para apoyarnos en nuestra evolución y a la de la tierra. Aquellos seres que yo pude ver o percibir en el periodo de ajuste de mis energías y experiencia de aprendizaje a partir del 2012, también han sufrido un cambio y ya no se ven ni se sienten como antes.

¿Te ha pasado que dicen algo y se te pone la piel chinita?

Pues ese es un claro ejemplo de que el cuerpo nos indica que existe algo más que lo que nuestros ojos perciben. O, como les sucede a aquellas personas que pueden ver con el rabillo del ojo sombras o individuos, pero que, al voltearse, no hay nadie.

Quizá existan algunos que tengan extrañas percepciones inexplicables al entendimiento o lógica de otros o similares o completamente diferente a los demás. Hay muchos factores que influyen en cómo percibimos nuestro entorno y a nosotros, todo depende de en qué nivel evolutivo nos encontremos, de cuáles sean nuestras habilidades desarrolladas y de cuáles sean nuestros patrones de creencias que forman nuestra realidad y nuestros deseos de aprender más sobre estos temas.

En general, lo importante es que seamos conscientes de que no somos los únicos en esta tierra, y de que hay muchas formas, energías y entes flotando a nuestro alrededor que no vemos, pero que existen.

Entre más conscientes seamos de esto, menos vulnerables nos volvemos. Y cuando digo más conscientes, me refiero a ser más fuertes físicamente y más enteros energéticamente, haciendo ejercicios que fortalezcan nuestros centros energéticos, cuidando de lo que comemos y alimentándonos de lo que nuestro cuerpo necesita y nos pide.

También, prestando atención a nuestros pensamientos, palabras y acciones, siendo conscientes de nuestro entorno y de las personas que nos rodean, estando atentos a lo que pasa a nuestro entorno. Todo esto se resume a vivir más en el presente.

Cuando vivimos día a día, cada segundo que respiramos, no se nos perderán las llaves y no tendremos esos momentos de incertidumbre o sensación de que estamos tarde a algún lado, porque somos tan conscientes de lo que estamos respirando y viviendo, que es fácil organizar y manejar el mini segundo en el que tenemos toda nuestra atención.

Pero, si nuestra mente está en lo que vivimos en el pasado o en el futuro, nunca estaremos cien por ciento en el presente, tropezaremos con cosas, con personas, olvidando objetos al paso, perdiendo citas y no alcanzando a realizar todo lo que deseamos y vivimos en un eterno futuro estresante que aún no sucede, el que, al final del día y al paso del tiempo, se convertirá en algún dolor o enfermedad que nuestro cuerpo manifestará, para avisarnos que ya perdimos la atención del presente y que debemos ponerla en algo específico que hemos dejado de lado.

O quizá se nos acerque alguno de estos entes para hacernos entender que tenemos un desbalance en nuestra existencia y que hay algo que debemos aprender o que debemos equilibrar en nuestro día a día.

Si aún requieres un poco más de información del mundo mágico de los espíritus y entidades, puedes realizar una consulta conmigo o echarle un vistazo a algunos artículos de David Topí, quien constantemente tiene información de los cambios. Allí te puedes actualizar.

Por lo pronto, espero que esta pequeña miradita, te ayude a entender ese mundo mágico.

Las maldiciones, los rituales y palabras que nos afectan.

En el transcurso de mi vida, he escuchado que las malas palabras y las maldiciones no se deben decir. Cuando era pequeña, solo reía y trataba de evitarlas, pero ahora tengo consciencia del poder de transformación de las palabras e intenciones.

En esta sección, hablaré de cómo descubrí que, en mi familia, había una maldición que nos afectaba en la manera en la que nos relacionamos con nuestras parejas. También descubrí cómo transformar para bien, aquellas malas intenciones que me envían constantemente por motivo de envidias o deseos de hacer lo que yo hago.

Estoy casi segura de que, en alguna etapa de tu vida, te ha pasado que algo que quieres hacer por todos los medios se ve casi imposible. Sientes una gran frustración porque, aunque has puesto toda tu energía y empeño en que 'eso' se cumpla, siempre hay alguna interferencia o algo que te impide llevarlo a su totalidad o culminación.

Pues quizá haya alguna intención mal dirigida, alguna maldición o tal vez sean tus pensamientos, pues lo que hablas y lo que haces no son lo mismo.

Cualquiera que sea la causa que te impida avanzar, analiza si algo de lo que pongo aquí te resuena y ve si lo que a mí me ha funcionado, te funciona a ti.

La maldición familiar

Uno de los bloqueos que más detectaba en la gente que me pedía lecturas, era el de las maldiciones, las que realmente eran causadas por la misma persona al constantemente usar malas palabras, aunque de vez en vez salían maldiciones generacionales ocasionadas por alguien que blasfemaba a otro y a todos sus descendientes.

La carga de odio o dolor que se le envía literalmente a todos los que desciendan de esa persona, trae esa energía a todos los involucrados de esa línea familiar, hasta que uno de ellos le ponga un "hasta aquí a eso".

Como ejemplo me pongo a mí misma, ya que constantemente me salía una maldición que se activaba cuando me encontraba en alguna relación tóxica en las que había infidelidades u obsesiones con personas externas a la familia involucrada, como lo que te referí anteriormente de mi bisabuela.

Hasta que, en una Constelación Familiar, me ha salido que mi bisabuelo tuvo una relación extramarital de donde nació mi abuelo paterno. De ahí conocí, que la esposa legítima y toda su familia, había lanzado una maldición a mi bisabuela y a todos sus descendientes, la que obvio me llegaba a mí y a mis hijos.

Técnicamente, cuando se encuentran este tipo de maldiciones, se solicita se regrese a su origen y que las líneas de participantes entren en conciencia para que esto no vuelva a suceder. Lo más beneficioso de ello, es que las líneas descendientes, a partir de que se encuentra la maldición, ya no son afectadas.

Una vez limpio ese canal, las maldiciones y situaciones de celos dejaron de aparecer en mis relaciones, es por eso, por lo que enviamos a otros cuando estamos dolidos o enojados, aparte de bloquearnos a nosotros al triple de lo que lo enviamos, provoca que modifiquemos el entorno de muchísima gente que, generacionalmente, tendrá que lidiar con nuestra inconsciencia.

¡Así que mucho cuidado con las palabras y maldiciones que puedan aparecer de repente en nuestro vocabulario!

"No digas malas palabras"

Cuando mi madre y mis maestras mencionaban que no era bueno decir malas palabras, yo me preguntaba por qué eran malas.

¿Quién dijo que hay malas y buenas palabras? ¿Quién supo más sobre la fonética y cómo puede establecer que esas palabras son malas? ¿Acaso hacen daño? Pues, ¿qué crees?

Al parecer, basado en estudios científicos, los sonidos y específicamente algunas palabras con cierta fonética y vibración, afectan y rompen la constitución de las moléculas del agua y, por consiguiente, nuestras moléculas y células suelen ser afectadas, al grado de que se rompen, se enferman o se contaminan.

Entonces, hicieron estudios de cómo las moléculas del agua perciben ciertas palabras consideradas positivas como amor, alegría y sonrisa, mientras otras son negativas como odio y destrucción.

Así, observaron que las moléculas del agua formaban hermosos contornos cuando la palabra era positiva y, en cambio, estas se rompían o formaban contornos desiguales con las negativas.

Cuando descubrí estos estudios de un japonés llamado Masaru Emoto, quien visitó nuestra ciudad promoviendo su trabajo, quedé completamente convencida de que eso pasaba también con las palabras que utilizamos a diario.

Este tema se comenta en varias publicaciones como la siguiente, que me ha gustado porque, en pocas palabras, Martin de Lucas, ha puesto lo que quiero dejar bien en tu memoria. En este artículo de su blog llamado "La memoria y la consciencia del agua en nuestro organismo", dice así:

"El agua tiene la capacidad de configurar su geometría en función de aquellos elementos que están en ella y de todo aquello que entra en contacto con ella, es decir, el agua guarda la memoria, guarda la información, la frecuencia y la energía de todo aquello que entra en contacto con ella...

...Masaru Emoto afirma en su libro: "El pensamiento humano, las palabras, la música, las etiquetas en los envases, influyen sobre el agua y esta cambia a mejor absolutamente. Si el agua lo hace, nosotros que somos 70—80% agua deberíamos comportarnos igual".

Tras finalizar la lectura de "Mensajes del Agua", llegué entre otras, a la conclusión de que el agua de nuestro cuerpo, lejos de estar inanimada, está realmente viva y responde a nuestros pensamientos y emociones. Esta conclusión me ha hecho recordar el imponente poder que tenemos al elegir nuestros pensamientos e intenciones, incluso para sanarnos a nosotros mismos, así como a nuestro medio ambiente.

Tras mis diferentes lecturas sobre el tema y para concluir mi artículo, puedo afirmar que no todas las aguas tienen la misma estructura geométrica. Las aguas llenas de contaminantes pierden su estructura. Las aguas almacenadas y embotelladas pierden el movimiento necesario para recoger las moléculas de oxígeno liberado y configurar también la geometría adecuada. El agua transportada durante muchos kilómetros en tuberías rectilíneas y a grandes presiones se ve obligada a adoptar una geometría pentagonal en sus moléculas para poder circular en menos espacio y mayor presión por estas estructuras artificiales que no respetan su naturaleza. Y que nosotros mismos podemos "amasar" la estructura del agua de nuestro organismo, sabiendo hacer una buena gestión de nuestros pensamientos y acciones. ¿Empezamos?". [30]

Si en nuestro vocabulario usamos palabras negativas o nos quejamos constantemente o las escuchamos en otros o en la música, nuestras células comenzarán a corromperse, nos sentiremos mal o de mal humor, quizá algo desmotivados o deprimidos. Si, en cambio, escuchamos palabras positivas, nuestras emociones serán activadas y nuestra dopamina se

---

[30] Humilde Martin Lucas en su artículo Consciencia agua nuestro organismo.

incrementará, por lo que contaremos con mejores estados de ánimo y nos sentiremos físicamente mejor.

Esta teoría, que comencé a ejercer en mí, resultó en estados de ánimo más activos y positivos, por lo que seguí adaptando mejores palabras en mi vocabulario, evitando aquellas que son disruptivas, hasta que un día sentí que nada me funcionaba, el trabajo que tenía era desgastador, mi cuenta de banco estaba siempre en números rojos y las relaciones a mi alrededor no eran muy armónicas que digamos.

De una, me senté a realizar una lectura de mis palabras y pensamientos. Todo parecía normal y estable, pero descubrí que algo que era externo a mí, estaba perturbando mi entorno, incluso mi abundancia y estados anímicos.

Seguí investigando y haciendo terapias con mis compañeras psicólogas holísticas y, en una lectura, todo fue muy claro.

Alguien externo a mí, me enviaba una mala intención. Aunque hacía más preguntas, no encontraba la persona exacta que no estaba muy contenta con mi existencia y a la que parecía que, constantemente, le molestaba lo que yo era y lo que yo hacía, por lo que me tenía en sus pensamientos, enviándome maldiciones y malas intenciones.

Como no lograba identificar quién era, no podía ir a enfrentarla para decirle: "Ya basta de tu odio, envidia y malas palabras que me envías, porque me jodes la vida", entendí que yo debía hacer algo con eso que toda mi vida me había perturbado mucho.

Siempre me sentía muy impotente cuando otros me envidiaban y me deseaban mal. Eso me deprimía mucho desde que recuerdo.

Estando en mis primeros años de primaria, tendría como seis años, mi mamá había dejado que mi cabello creciera mucho, era muy largo y muy sano. Yo estaba orgullosa de él y casi siempre lo llevaba suelto, hasta que un día, una compañera de asiento me puso una goma de mascar grande que hizo que mi pelo se uniera con esta, siendo casi imposible quitarla.

Recuerdo que la maestra intentó ayudarme, pero no le quedó otro remedio que llamar a mi mamá y contarle lo que había ocurrido, diciéndole:

—Quizá es tiempo de un corte de cabello—.

Mi mamá estaba muy compungida. Ella sabía lo que me gustaba mi cabello largo y, entonces, como siempre la ha caracterizado su creatividad, a manera de resolver lo imposible con lo posible existente en casa, pudo, con todo el cuidado, quitar poco a poco mucho del cabello atorado, cortando solo una pequeña parte de él que estaba atrás de mi cabeza y que prácticamente no se veía.

Pero el hecho de que hubiera solucionado mi problema mi madre, no resolvió las emociones que se generaron de aquel evento.

Era tal lo que otras compañeras me molestaban y asediaban, que mi propia maestra pidió mi cambio con otro grupo. Yo me sentía aún más triste al pensar que no estaría con mis amigas de salón, por lo que, entrar a uno totalmente nuevo con nueva maestra y a mitad de año, me afectó bastante emocionalmente.

El cúmulo de emociones y de incertidumbre se potenció por no saber quién me deseaba tanto mal o, al menos, el sentirme atacada y criticada todo el tiempo, además de pensar que yo no era buena alumna, que quizá mi maestra no me quería en su grupo, que no estudiaba al nivel de las demás, que no era deseada allí.

Miles de pensamientos destructivos pasaron por mi cabeza y, desde aquel día, todo lo que me mostrara alguna envidia, coraje por mi persona o evento que diera al menos un pequeño mensaje de que yo no sería bien recibida ahí, me comprimía, me hacía querer desaparecer y me alejaba de los grupos grandes de personas, comenzando a disfrutar más mi propia presencia que la de otros. Cualquier intento de burla, de dejarme mal ante otros, me hacía más pequeña e invisible.

Ya en mi edad adulta, esas situaciones seguían causando problemas que, en apariencia, yo no buscaba. Mi propia existencia molestaba a algunas personas, eso me tenía de mal humor y en contra de todo mundo.

Esa situación que te contaba era constante, hasta que me di a la tarea de usar una técnica que hizo que todos mis miedos por no ser yo, todas esas críticas, todas esas palabras que me rondaban, toda esa envidia, toda maldición dirigida a mí, la transformara en algo que yo deseaba y necesitaba.

Para seguir con el ejemplo donde me sentía estancada y mi cuenta de banco en números rojos, el día en que comencé a transformar todo eso que me llegaba sin saber quién lo enviaba, hice mi lectura, me salió que recibía maldiciones, malas intenciones y malas palabras, por lo que configuré una frase donde transformaba eso. Aquí te dejo un ejemplo de lo que decía:

> *"A todas las veces, los momentos, las personas que me envían maldiciones o bendiciones con bajas energías, malas palabras, deseos de que yo muera o me la pase mal, las convierto en dinero y abundancia para mi vida, las cambio para mejor comunicación con mis familiares y amigos, las convierto a un trabajo próspero que disfrute y que me ayude a balancear mi vida. Todo lo que lo impida, lo destruyo y lo descreo, acertado,*

equivocado, bueno, malo y pod y poc, todos los nueves cortos chicos y más allá". [31]

Al día siguiente... ¡Vaya sorpresa!

Recibí un dinero en mi cuenta de banco que el gobierno estaba depositando, me llamaron para un empleo y mis hijos me pidieron que saliéramos a comer para festejar que habían tenido una buena semana. Parecía que, de un día al otro, todo lo que se veía atorado, se había desatorado de una.

Era tan increíble lo que me estaba pasando, que no dejaba de revisar mis lecturas, pues todo indicaba que algo se había movido. En el momento en que algo se atoraba, de una me ponía a investigar y a realizar mis afirmaciones, transformando todo aquello que no alcanzaba a saber que fuera enviado desde el exterior para mi persona y sincronicidades. Todo, específicamente todo lo que solicitaba, se me cumplía.

Era como vivir en el país de las maravillas que de chica veía en el televisor, o como con una lámpara mágica, obtener todo lo que solicitaba. Finalmente, entendí que toda esa energía que era enviada en forma de palabras, en vez de que yo me achicara y me hiciera sentir enojo o tristeza, la usaba a mi favor para sentirme abundante y expandida, utilizando mi poder creativo para encausarla hacia algo mejor.

Es divertido hacer peticiones y verlas cumplirse casi de inmediato. Hay cosas que tardan, pero hay que ser pacientes y, si se sabe interpretar nuestro entorno, hay otras que podemos pedir que pueden ir en contra de lo que otros piden. Por eso, para que todo se alinee, hay que ser congruentes de pensamientos, acciones y palabras, lo que implica un punto super importante en estas peticiones, siempre para nuestro más grande bien.

---

[31] Enunciado aclarador de *Access Consciousness* https://www.accessconsciousness. com/es/about/how-it-works/the-clearing-statement/

Si hay algo que no alcancemos a ver que no será para nuestro bien o que, por algún modo, con eso afectamos a alguien más o enviamos malas intenciones, respondiendo a ese mal con resentimiento, sentimientos de venganza, odio o enojo, todo eso regresa a nosotros en forma de bloqueo, problema o emociones que nos lastiman o enferman.

Por eso, hay que cuidar mucho lo que pensamos, decimos y hacemos, procurando que todo esté alineado. Aparte de que nos hace seres íntegros, nos ayuda a crear una realidad que deseamos y que es buena para nosotros y los que nos rodean.

Los rituales

Los rituales, ritos, oraciones e incluso eventos donde alguien realiza una intención incorrecta, pueden causar caos en las vidas de las personas involucradas.

Es super importante que conozcamos el poder de nuestras palabras y más cuando ponemos la intención con ciertas acciones.

Pongo un ejemplo:

¿Has visto esos posteos o narrativas en alguna revista, sobre el ritual de Año Nuevo o sobre aquel para atraer a tu pareja deseada? Todos esos son eventos que se realizan sin consciencia de lo que podemos crear.

Si hacemos el ritual de Año Nuevo, damos vueltas a la cuadra de nuestra casa, ponemos una vela para invocar a los buenos espíritus que nos guíen y, de paso, les pedimos que nos manden una pareja ideal o dinero, pero luego, en eso llega una amiga o nuestra madre y nos pelea porque no lavamos la loza o no cumplimos con algo generando una discusión o un malentendido, nuestra energía se desbalancea, por lo que, en vez de que mandemos fuerza transformadora para nuestro año entero, básicamente estamos abriendo una posibilidad de que llegue algún espíritu que nos ronda, lleno de ganas de chuparnos la energía para subsistir un rato a costa de la nuestra.

Explico un poco más.

Al nosotros bajar nuestra energía o perder el equilibrio, estamos vulnerables a que cualquier otra persona o ente la pueda utilizar para su propio beneficio y, si en ese momento, estamos pidiendo algo con la intensa intención de que suceda, moviendo objetos, quemando velas o cualquier cosa similar, estamos generando un evento transformador, pero con desbalance y con la posibilidad de que otro ente o persona pueda usar esa energía a su favor.

Por eso, quizá pronto veamos a nuestra amiga en ese viaje que nosotros queríamos hacer o de pronto nos sentimos molestos y con baja energía, porque algún ente está alimentándose de nosotros, por lo que, cuando hacemos este tipo de solicitudes, no es solo poner velas o leer una frase y esperar que suceda, ya que no somos conscientes de nosotros y de en qué estado nos encontramos emocionalmente.

En la mayoría de las ocasiones, mientras hacemos estas peticiones, no estamos centrados porque hay algo que no va bien en nuestra vida, por eso pedimos que cambie, y más de las veces, estamos desenfocados sin tomarnos como prioridad, es decir, no nos respetamos o, en vez de cuidar de nuestro cuerpo y alimentación, nos vamos de fiesta y tomamos alcohol, lanzamos maldiciones para aligerar la carga de la semana y de paso pedimos a Dios o al Universo o a lo que creas que es nuestro Creador, que te mande lo que pides.

Y, ¿qué crees que va a llegar? Pues algún ente o amistad que necesita de energía para funcionar mejor.

¿Te recuerdas de los vampiros energéticos y de los portales de los que hablé en este libro? Pues alguno de esos amigos viene y se deleita con nuestra energía, la que según nosotros, aligeramos en aquella fiesta, aunque por la mañana siguiente, nos sentimos más cansados, aparte de pesados y molestos, porque traemos a cuestas algo extra que no es nuestro. ¿Te hace sentido esto?

Otro punto que quiero tomar aquí, es cuando no valoramos lo que somos en este mundo tal cual somos, comenzando a envidiar o desear lo que otros tienen.

Cuando esto pasa, ponemos a disposición de otros nuestra energía nuevamente, porque estamos tan ocupados en tratar de ser alguien que no somos y en criticar tan fuertemente a esa persona que es exitosa y todo lo tiene, que finalmente le enviamos de inmediato a voluntad, la poca energía que nos queda, a ese a quien envidiamos y criticamos.

Lo que nos quede de energía, puede ser fácilmente obtenido por alguien más, ya que nos encontramos desbalanceados y vulnerables, es decir, abiertos como un portal, para que quien pase pueda tomar lo que quiera e irse.

Por eso, te invito a analizar tus estados de consciencia; a utilizar un diario o escribir qué piensas de ti y de otros; a cuidar de tus palabras y pensamientos sobre otras personas que, a final de cuentas, poco conocemos, por lo que, lo único que provocamos, son luchas de alimentación de energía entre entes, vampiros energéticos o, simplemente, dar a voluntad nuestra energía a otros para que las utilicen para sus viajes y su abundancia.

Siempre hago mucho hincapié a mis amistades y consultantes, sobre la importancia de conocernos a nosotros mismos, indagarnos, buscar nuestra propia identidad, identificar nuestros gustos y disgustos, ejercer nuestras capacidades adquiridas o aprendidas y a utilizar nuestra creatividad y pensamiento matemático que todos tenemos.

No me digas "es que yo no tengo creatividad o no sé dibujar, cantar o bailar", porque todo ser humano cuenta con la parte del cerebro creativo con la que crea su realidad, la que se puede seguir desarrollando si es utilizada y la que, aparte, nos ayuda a divertirnos y a conocernos mejor o quizá a expresar aquello que no tiene palabras, pero que sí se siente en nuestro interior, aunque no podamos identificar qué es.

Así que, una vez encontrada nuestra propia identidad, ejerciendo nuestra creatividad y en un estado de respeto a nuestro cuerpo físico y mental, cuidando de él, podemos transformar nuestro entorno y nuestra realidad a nuestro antojo, pero prestando atención de no tornarnos vulnerables e inestables, es decir, buscando estar centrados y conscientes de lo que se transforma y solicita.

En el capítulo de ejercicios, tienes ejemplos para encontrar ese estado de manifestación consciente y transformación de nuestra realidad o búscame y hagamos una sesión. Espero que, si alguna vez te encuentras con una situación similar, recuerdes lo que te estoy diciendo y puedas ejercer mejor y con responsabilidad tus palabras, acciones y pensamientos.

Los mundos mágicos de las plantas y los animales.

Siendo un ser tan sensible, con la dificultad que tuve en mi niñez y adolescencia para adaptarme a la sociedad, me gustaba esconderme en los mundos complementarios de las plantas y los animales.

Desde que recuerdo, amaba a los animales y me gustaba estar rodeada de naturaleza, sintiendo una conexión especial con mis mascotas.

Después de haberme sometido a la desintoxicación de mi cuerpo, fue cuando mis sentidos se amplificaron y pude, no solo percibir espíritus o el mundo mágico invisible, sino que la percepción con los animales y plantas se incrementó, al grado de percibir lo que necesitaban o lo que sentían.

Tengo muchas historias relacionadas con animales, pero una que me gusta mucho recordar, quizá porque fue mi último perrito faldero, es la de Odie.

Odie llegó a mi hogar cuando mi esposo se fue. Mi hija siempre quiso una mascota, pero la negación de tener cualquier tipo de animalito, fue siempre motivo de argumentos y malos momentos, así que cuando el que se negaba a tenerlos salió, la mascota entró.

Mis hijos y yo fuimos a la casa de adopción de perritos abandonados. Estábamos tan emocionados, que el camino para llegar al lugar se me hizo muy largo. Una vez ahí, nos llevaron al lugar de las jaulas, yo buscaba un perrito pequeño fácil de transportar.

Desde que los vimos, morimos de amor. Pero al llamarlos, uno todo mechudo y con un muy mal corte de pelo, se acercó muy cariñoso. Pedimos que lo sacaran y poder convivir con él en las zonas de encuentros familiares, para ver si había compatibilidad.

Una vez allí, el perrito estaba muy temeroso, pero poco a poco se fue acercando hasta que dejó que lo acariciáramos. En ese momento, le pregunté en voz alta si quería formar parte de nuestra familia y, sorprendentemente, movió la cabeza de manera asertiva.

Mis hijos gritaron de asombro:

—¡Mira mamá, dijo que sí!—.

Fue un día muy feliz para todos. Odie tenía siete años y estuvo con nosotros otros nueve más. Y, aunque ya han pasado dos de su partida, aún de repente, escucho sus pisadas como si de pronto viniera a visitarme.

Odie era nuestro guardián nocturno, caminaba de una recámara a otra, como si revisara a cada miembro de la familia, una vez que veía que todo estaba bien, se acomodaba al pie de alguna cama o en el sillón donde veíamos la televisión. Él vino a curar nuestros dolores y era mi compañero cuando mis hijos se iban con su papá. Siempre estuvo conmigo en mis momentos de dolor, llanto y enfermedad.

Recuerdo que un día que tenía mucha calentura, sentí a su cabecilla. Estaba ahí junto a mí, como absorbiendo lo que me estaba atacando. Al día siguiente amanecí muy bien, pero él durmió todo el día.

La forma en que me puedo comunicar con los animales es muy sencilla, es buscar su energía sutil y hacer preguntas en la mente. Ellos responden muy simple. Es como si me dijeran: si, no, tengo hambre, me gusta estar cerca, juega conmigo, eso me da miedo, eso me gusta.

Por la gran relación que generé con Odie, me dolía verlo ya viejo. Se quedó ciego, pero aprendió tan bien donde estaba todo, que casi no chocaba con nada. Yo sentía que ya le dolía todo y, en ocasiones, cuando dormía boca arriba, al mirarlo, me imaginaba que ya se había muerto, por lo que, gritando a mis hijos y les pedía que lo movieran. Ellos se reían de mí, pero en el fondo yo sabía que ya no le quedaba mucho tiempo con nosotros.

Cuando partió, me avisó unas horas antes. Esos últimos días no se movía mucho, pero fue un sábado cuando de pronto sentí muchísimo sueño. Él me miró con su carita tan tierna como despidiéndose. Yo no quería aceptar su partida, así que de una me dormí en el sofá. Cuando abrí los ojos, algo me llevó a mirarlo.

Ya no lo sentí, me dio pánico. Caminé hacia él y, efectivamente, había partido. Habían pasado días y aún sentía sus pisadas alrededor de mi cama por las noches.

Odie fue mi adorado compañero en las peores épocas de transición en mi vida. Él escuchó mis quejas, mis dolores y lamió mis heridas cuando no me podía ni levantar del piso.

Después de Odie ya no quería otro compañero, decidí solo visitar a mis vecinas las tortugas, los patos, los pájaros, los peces y los cisnes que viven en el lago de mi comunidad. Había días que me sentaba en la orilla y de repente todas las tortugas se acercaban una a una, como en fiesta, para celebrar mi llegada. Una que otra tenía el nombre que mis hijos eligieron, pero para mí, todas eran parte de mi familia, sutiles y felices solo de ser. Sacaban sus cabezas mirando de lado, y ahí se quedaban eternamente hasta que algo o alguien las espantaba.

Los peces y los pájaros tenían una energía diferente, una que otra vez llegaban patos con todos sus patitos detrás. Era hermoso ver a las familias de patos caminar. La mamá, el papá y atrás la fila de patitos.

Pero si había algún animal en ese lago con el que me sintonizaba, era con el cisne.

Ya has visto sus fotos, los cisnes me hipnotizaban. En un tiempo, la hembra se quedó sin pareja, pues el macho murió de una enfermedad, por lo que se le veía a ella sola pasear por aquel lago. Se dice que los cisnes son una de las pocas especies que comparten con una sola pareja su vida entera, a menos que uno de ellos muera, lo que hace que pueden encontrar a su segundo compañero, con el que se quedarán hasta morir. Y justo así me veía yo.

En ese tiempo, también estaba sin pareja, por eso, cuando la veía pasear, me identificaba con aquella imagen en medio del lago, solo disfrutando de su soledad, aunque pensando que algún día quizás llegara aquel que la acompañara.

Pasaron meses y de pronto vi a dos cisnes. Él había llegado a ella. ¡Me emocioné tanto por ella! Se veían contentos y juntos paseaban uno al lado del otro.

Así como ellos, yo sabía que algún día llegaría alguien que me pudiera acompañar en mi camino. Aquel ser que caminara junto a mí hasta que me vaya de esta tierra.

Mientras tanto, me dediqué a disfrutar de mis momentos aquí, de mis experiencias y vivencias, de aquellos patos y cisnes que llegan cerca de mí con sus energías tan ligeras, que tú también puedes percibir.

Ve a la naturaleza y conecta con las aves y los animales o en casa con tus mascotas, quizá tengan algo que contarte.

CAPÍTULO 10

LA MEDITACIÓN Y LOS MENSAJES DEL ALMA

En mi camino a reencontrarme, utilicé muchas de las herramientas que he aprendido a lo largo de mi vida. Una de las más importantes y más útiles de todas, fue la meditación.

A través de ella, he podido encontrar a mi propio Gurú interior y entender que toda guía y camino están dentro nuestro. En este espacio, quiero compartir algunos de los mensajes que he recibido a lo largo de estas experiencias y aquellos que pude recuperar de todas esas mudanzas que he transitado.

La pareja

Sam Guru Allah (El verdadero mentor es el creador).

"Él, frente a ella, separados por un árbol pero unidos, al mismo tiempo, por las raíces de sus diferencias. Unidos, uno frente al otro, miran sus espejos que muchas veces serán hermosas rosas flotando en el mar del amor y, otras tantas, espinas que intentan ser esquivadas por el viento del entendimiento. Ambos, junto al fuego, inician una danza de enamoramiento,

que se convertirá en uno de los mejores momentos de su vida. Octubre 5, 2018".

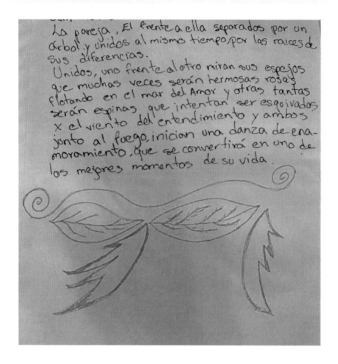

Un día de octubre de 2018, sentada debajo de un árbol, meditando, me llegó este hermoso mensaje que ahora comparto. En ese momento, no lo entendí completamente, por eso solo medité y dejé que mi lápiz siguiera escribiendo.

Recién ahora es que comprendo totalmente lo que he escrito.

Lo primero que me llegó fueron esas palabras: "SAM GURU ALLAH". Entonces, solo las escribí y seguí plasmando el mensaje, ahora sé, que el significado de SAM es verdadero, que GURU es Maestro o Mentor y, claro está, ALLAH es Dios o creador. "EL VERDADERO MENTOR ES EL CREADOR".

Mientras meditaba, eso fue lo primero que me llegó, cuando hacía las preguntas:

- ¿Y ahora qué hago?

- ¿A quién le pregunto?

- ¿Busco un maestro que me guíe?

Mi corazón estaba muy inquieto y sin rumbo, pero mi interior reconoció la respuesta, la que recibía una y otra vez, pero que no entendía completamente.

—No busques a nadie como maestro. Conecta con tu Ser Superior y él será tu guía—.

Yo no sabía cómo descifrar esas palabras. Sonaban muy sencillas. Vocablos similares había escuchado de alguno de mis gurús de Yoga.

Swami Guru Devanand decía que no hay nada que buscar, no hay nada que pensar cuando meditamos y buscamos respuestas. Que todo está dentro nuestro. ¿Pero cómo era posible descubrir esos mensajes?

Quiero hacer un paréntesis para hablar un poco de mi Maestro Swami. Su nombre completo es tan mágico como lo era él, *Swami Guru Devanand Saraswati Ji Maharaj.* Nació en Trinidad & Tobago el 17 de enero de 1917 y abandonó su cuerpo físico el 24 de mayo de 1990.

Siendo muy joven, después de sus estudios universitarios, viajó a la India, lugar de origen de su familia, inspirado por una gran inquietud espiritual. Ingresó al Monasterio de la orden ascética de Shri Adi Shankaracharya, bajo la guía espiritual del Swami Shantanand y del Mauna Swami.

Regresó en la década de los años '60 del siglo pasado a Occidente, a cumplir la misión de divulgar la técnica del Mantra Yoga Meditación. Dedicó toda su vida a ofrecer conferencias e iniciaciones y a fundar centros en Europa; Norte, Centro y Sur de América y en El Caribe.

Formó parte de una brillante generación de maestros espirituales, quienes llegaron a Occidente en un momento de mucho peligro para la población de esos países, amenazada por la difusión de drogas y otros vicios. Su propuesta fue la Filosofía Yoga y su aspecto práctico de Mantra Yoga Meditación, como opción para que el ser humano lograse su felicidad y su realización divina.

El maestro dedicó su vida a la enseñanza de la Filosofía Yoga y como herramienta principal: el Mantra Yoga Meditación.

Swami Devanand se distinguió por su sabiduría, al explicar temas profundos y complejos, de un modo sencillo y comprensible para todos.

Yo vi casi todos los videos del Maestro Swami, cuando en mi búsqueda de ese algo, me encontré en una casa de Meditación en mi ciudad, que él mismo había fundado. Él falleció pocos años atrás de mi inicio como meditadora de esa técnica llamada MANTRA YOGA MEDITACIÓN, la que utilizo hasta el día de hoy.

Siguiendo con mi narrativa, yo solo quería respuestas directas y claras. Ya llevaba cuatro años divorciada y dos sin pareja, tratando de entender qué pasaba con mis sentimientos. Mi interior estaba reencontrando las soluciones a las muchas preguntas que me hacía.

Dos de ellas eran:

- ¿Por qué elegí a alguien que no me elegía a mí como pareja?

- ¿Qué era lo que debía hacer para entender el porqué de mis vivencias con el amor más grande de mi vida, el padre de mis hijos?

Aquí estaba la respuesta:

"Él, frente a ella, separados por un árbol, pero unidos, al mismo tiempo, por las raíces de sus diferencias..." .

La vivencia del amor de él y de ella. En medio de su relación coexistía un árbol, por lo que no podían encontrar su amor completamente.

El árbol de sus ancestros los separaba. Pero al mismo tiempo, se encontraban unidos por sus raíces, que eran precisamente la diferencia que los complementaba y que alimentaba sus orígenes, los que vibraban dentro de ellos. Y era precisamente esa vibración, la que provocaba que cada vez que se encontraban, se volvieran a atraer uno al otro. No podrían escapar de esa atracción, pero tampoco unirse completamente, porque había algo que se interponía entre ellos. Ese algo invisible impedía que unieran completamente sus corazones.

"...Unidos, uno frente al otro, miran sus espejos que muchas veces serán hermosas rosas flotando en el mar del amor y, otras tantas, espinas que intentan ser esquivadas por el viento del entendimiento...".

Cuando experimentamos una relación, lo que vivimos en la otra persona es solo un espejo de nosotros mismos reflejado en ella. Es decir que, la única referencia que tenemos de otros, es la experiencia propia, nuestros sentidos, sentimientos, percepciones, puntos de vista, creencias y aprendizajes. Todo eso, lo tratamos de proyectar y de aplicar en lo que vemos en el otro.

Si somos una persona tranquila, veremos en el otro y en los que nos rodean, una tranquilidad que ellos no pueden ver; si somos intolerantes, podremos percibir la intolerancia en los demás, debido a que es la única referencia, entre comillas, "cierta" de lo que es nuestra verdad o sistema de creencias. Todo ese conjunto de percepciones y presunciones, hace que generemos ideas e impresiones sobre los demás, basadas en las propias.

Por lo que, cuando amamos, ese otro ser, será todo lo que amamos y odiamos de nosotros y, al mirarnos en el otro, veremos rosas hermosas y amor romántico o espinas dolorosas, las que, tratando de evitarlas, nos llevarán a buscar una razón, justificándolas en la existencia de la relación.

"...Y ambos, junto al fuego, inician una danza de enamoramiento que se convertirá en uno de los mejores momentos de su vida".

Ambos junto al fuego de la pasión, junto al fuego del deseo, bailarán las danzas del enamoramiento que seguirán disfrutando una y otra vez.

Esa era la respuesta a mis preguntas:

- ¿Busco un maestro que me guíe?

La respuesta era clara: no había maestro que buscar.

Mi mejor mentor era el creador que se encontraba en mi interior y las respuestas que surgían de mi meditación, de dónde había sacado este escrito. La vivencia del amor de pareja estaba resuelta y era algo que había venido a experimentar.

La comprensión de mi relación de pareja, realmente estaba proyectada en el otro y, era tan fuerte, que nos unía por nuestras raíces, que nos mantenía vivos y aterrizados, a través del juego de la pasión y de las danzas del odio y del amor.

Eso ya lo entendía, pero... ¿Cuál era ese árbol que se interponía entre ambos?

El árbol que amó demasiado

Lo único que no quedaba muy claro en esta frase, "Él, frente a ella, separados por un árbol...", era por qué estaban separados por ese árbol y quién era o qué representaba.

Como madre o padre, ¿se puede amar demasiado? ¿Se puede amar y, al mismo tiempo, ocasionar traumas tan internos en los hijos por ese amor sin límites?

Límites que son sobrepasados por la madre o padre y que pueden ocasionar, en los hijos, cicatrices que formarán parte de ese ser para siempre.

"Ella, aunque murió, se quedó estampada en el rostro de sus amados". Esta es la historia de una madre que, por amar tanto, no pudo partir de este mundo, aun cuando murió físicamente.

Ella amaba tanto a su único hijo que, cuando el doctor le dijo que era muy probable que muriera, corrió a pedirle a la luna por la vida de su retoño y, detrás de esta, se asomó un ser grande y bello, pero algo oscuro, que le ofreció ayudarla a que su niño no muriera.

Ella aceptó, haría lo que fuera para mantenerlo con vida, pero a cambio, tendría un precio que pagar: el hijo quedaría marcado con una cicatriz que lo haría muy distinto a los demás.

La madre cuidaba tanto de él, entrenándole su mente, su cuerpo y sus emociones para hacerlo superhumano que, al paso del tiempo, ese niño sobresalía del resto de los que estaban con él.

Al pequeño no le era fácil ser parte de algún grupo o pertenecer a algo o tener algo en común con los demás. Era muy difícil encontrar quien entendiera la forma de este superhumano, así que el aislamiento, comenzó a ser su mejor amigo.

El amor que ella sentía por él, era tan intenso como el miedo que tenía a perderlo.

El problema es que, cuando el miedo inmoviliza y ciega al amor, lo único que percibimos es ese sentimiento paralizador en nosotros o en los que amamos. Es por eso, que la madre estaba cegada por el miedo que tenía al sentir que cualquier circunstancia podría hacer que lo perdiera.

Pasaron los años y ese miedo se convirtió en un sentido de control que le daba paz. Vigilar todo lo que su hijo hacía, era lo único que le daba la tranquilidad de no perderlo. Si ella controlaba cada paso, cada pensamiento, cada lugar que visitaba, cada persona que conocía, podría saber que se encontraba a salvo.

Él se convirtió en el amor de su vida. No era su pareja, era su hijo que amaba tanto que no podía con ese amor, al que nada ni nadie sustituiría, porque ese era el precio que ella debía pagar. ¿Recuerdas aquel ser que le ayudó a que su hijo no muriera? Le dijo que le ayudaría, pero que habría un precio que pagar y ese era el amor tan intenso, que se convirtió en su único motivo para vivir.

Todo parecía bajo control, hasta que ese pequeño niño se comenzó a convertir en adulto, cuando sus pequeñas experiencias ya no eran tan pequeñas como pensaba, eran ya parte de lo que quería ser de grande. Ella no podía permitir que eso pasara, por lo que trataba de evitarle vivir cualquier experiencia que pusiera en riesgo su conexión, su control no era ni siquiera una opción, por lo que se convirtió en una habilidad tan desarrollada, que no había forma de salir de ella.

El juego de las palabras y acciones era en extremo fino e imperceptible, tal como un depredador caza a su presa, para lo que silenciosamente se acerca sin ser vista, hasta que ya no tenga forma de moverse, de hacer nada más que lo que necesita para sobrevivir. Mantenerse en las garras de su predador, parece la única opción que le queda.

Para ella, no había espacio para moverse, solo hacer lo que se supone estaba correcto, lo que era permitido, trabajar, ejercitarse y vivir con disciplina, era lo único, ya no había forma de escapar de ese espacio sin salida.

Ese juego duró tanto tiempo, que marcó a aquel niño y lo hizo generar maneras de escape imaginarias, las historias en su mente le ayudaban a huir de ese juego de encarcelamiento. Aprendió a mentir y esconder sus formas de divertirse, sin que su predador pudiera darse cuenta, las que se convirtieron en algo prohibido que debía ocultar. Lo que otros niños hacían libremente, él tenía que esconderlo como si ser él mismo fuera algo maligno o prohibido.

Y cuando alguna vez lograba divertirse sin ser visto, la culpa interior lo mataba poco a poco, dándole una sensación de agobio. Si era descubierto en alguna clase de juego, era tan severamente castigado, que no le quedaban ganas de hacerlo de nuevo por mucho tiempo.

Así, sus pasatiempos se fueron convirtiendo en sus obligaciones. El trabajo era una actividad donde no había castigos ni agobios. La disciplina, la limpieza y el ejercicio eran lo único seguro que no rompía los lineamientos que debía seguir para no ser castigado por la severidad de las suaves palabras con saliva de penitencia.

Hasta que ese niño se convirtió en adulto. Ya no era posible controlarlo más. Tenía que dejarlo ir. Pero, ¿cómo podía calmar ese miedo a perderlo? ¿Cómo dejar libre al amor de su vida?

No fue ella quien lo dejó ir. Fue él mismo, en su necesidad por vivir su propia vida, que encontró a su pareja y comenzó a transitar un nuevo camino, llevándose con él, el amor inmenso y el miedo cegador que transmitiría a sus hijos y estos, a los hijos de sus hijos que vivieran esta misma historia.

Porque cada vez que una madre lloraba por su hijo o hija que estaba a punto de morir, habría un ser por ahí, que ofrecería ayuda con el mismo precio por la vida de ese pequeño o pequeña.

Entonces, poco a poco, en el ADN de esos linajes familiares, pasarían miles de generaciones viviendo el mismo evento, hasta que alguien de ellos tuviera el coraje de romper esas cadenas de control, convirtiendo el amor con miedo, en amor libre; aceptando que todo lo que pasa, incluyendo la muerte de alguien que amamos de manera desmedida, es tal y como debe ser.

Por eso, regreso a esta historia de la madre que amaba demasiado y que, aun después de su muerte, se negaba a partir de al lado de su hijo amado. Su amor y necesidad de ser y estar cerca de él, la hacía no poder marchar a su siguiente aventura, dejándola atrapada entre dos mundos como un fantasma.

Cada vez que su hijo la trae a su memoria, ella regresa a su mente y a él le invaden esos miedos y sensaciones de agobio. Lo que antes era esconder un juego de niños bajo la cama, se convierte en ocultar allí juegos de adultos, los que serán severamente castigados si son descubiertos.

La culpabilidad regresa una y otra vez a la mente de él. Ese agobio se convierte en un fuego en las entrañas que no tiene forma de salir, transformándose en ganas de explotar y de sacar ese "no sé qué" que quema.

Ese fuego que quiere salir, se convierte en obsesiones, las que se pueden presentar en formas variadas. En ocasiones, solo el trabajo en exceso le da la sensación de que calma el fuego, pero este realmente nunca se apacigua, solo lo puede disminuir manteniendo el ejercicio al máximo, hasta que el cansancio le venza y caiga dormido.

La disciplina, el orden, la limpieza, el ejercicio y el trabajo se convierten en el "único" lugar seguro y sin culpa. Es el único sitio donde no hay fuego, por lo que su vida se transforma en eso, donde no haya culpa. Si por alguna vivencia, algo de ese fuego quiere salir de improviso, este abre un portal donde ese ser que le ayudó a vivir, regresará.

Cada vez que el fuego se prenda, un portal se abrirá para recibir la visita de un ser que llegará para recordarle que siempre puede estar disponible para él, con un alto costo, pero ofreciéndole salidas fáciles.

El momento en que ella finalmente se apartó de él

Hay momentos en la vida que nos hacen regresar a ciertos eventos que aún no hemos aprendido.

Y ahí, junto a su amado, se encontraron una vez más frente a frente. Ya habían pasado más de tres años sin estar juntos y, aunque ellos no creían volver a sentir ese amor tan apasionado, decidieron comenzar una relación nuevamente.

Durante los eventos intermedios que habían vivido uno separado del otro, habían recibido la perspectiva de otras relaciones. Otros afectos ya habían pasado y, sin embargo, ellos seguían con tanto amor y atracción que ya nada de lo sucedido parecía importante.

Hablaron de sus diferencias y emociones atoradas del pasado y limpiaron el espacio entre ellos con sus nuevos puntos de vista por la vida.

Pero parecía que debían hacer algo más que solo charlar sobre lo pasado. Así fue como decidieron hacer una terapia de pareja, donde su terapeuta les ayudara a entender qué existía entre ellos. ¿Recuerdas el árbol que separaba a los amantes? Este era el árbol.

Él tenía en su ADN ese control del que hablamos de 'la madre' que no quería irse, que no aceptaba retirarse de su más grande amor. A ese, le llamaremos ADN de control, el que, a su vez, se había pasado ya también a la hija de él.

Y en tres generaciones tenemos: a la madre, que aún fallecida insistía en regresar como fantasma sin aceptar que ya no pertenecía a este mundo ni a ese espacio físico al que quería aún pertenecer; a su hijo, que ya era padre, pero que aún sentía esa sensación de querer correr de sí mismo, de aquellas memorias de temor a ser descubierto por situaciones que no entendía y, ahora, también a la hija de él, la nieta más preciada de esa abuela, que heredaba ese ADN de control.

La madre fallecida, cuando era llamada, necesitaba de un cuerpo físico que la representara, por lo que su nieta era el ser perfecto en momentos de desesperación, cuando quería formar parte de este mundo y llegar a su hijo amado. En esas circunstancias, buscaba el pretexto para meterse dentro de su nieta, tratando de poseerla, pasando por sobre su cuerpo físico.

Aunque la madre era como un fantasma, caminaba sobre su nieta y, en la mente de la más joven, se producían momentos donde las memorias de la abuela regresaban como suaves fantasmas sutiles.

Al final de cuentas, solo quedaban en la cara de esa niña, las facciones heredadas de la abuela. Y cuando el hijo recordaba a su madre, la cara de esta aparecía en la de su hija.

La sensación de un amor agobiado y al mismo tiempo la necesidad de ese hijo ya convertido en padre, le daban la carencia suficiente para buscar a su amor que no estaba presente, porque el espacio que debía ser llenado por su pareja, era ese que su hija ocupaba con la máscara de su madre.

Y, al encontrarse ese espacio ocupado, ya no había lugar para otras relaciones en su vida, incluyendo la de su pareja, porque el recuerdo de su madre, junto al ADN de control incrustado en la cara de su hija, no dejaban lugar para un amor libre, para su amor de pareja.

Cuando finalmente los amantes descubrieron el ADN de control de la madre, aceptaron limpiar esas memorias. La forma en que lograron liberar a la madre y limpiar ese espacio entre ellos, fue con Constelaciones Familiares y Registros Akáshicos.[32]

La cara incrustada en la hija

En el momento de limpiar el espacio, se podía ver sobre la cara de la nieta un rostro deformado, vacío. ¿Recuerdas lo que te relaté en el apartado de "La máscara dejó un agujero en su cara?

Poco a poco, esa imagen, que parecía una máscara sin forma, comenzaba a desprenderse de la cara de la nieta, al tiempo que todo el ADN de control incrustado en esa relación que había entre los amantes, desaparecía. Ellos, por fin, podían amarse libremente, sin espacio entre ambos, sin estar "separados por el árbol".

Después de que mi hija apareció en la sala comentando que había sentido algo extraño, como si de su cara se hubiera caído una careta o una máscara, me di cuenta de que era real la incrustación del ADN de control. El efecto que todos experimentamos fue inminente.

Esa noche, los amantes pudieron, por primera vez en su relación, disfrutar de un amor sin barreras. Sintieron estar uno frente al otro sin nada que los separara. Era tan extraña la sensación de poderse sentir uno al otro, que todo el deseo de estar juntos era ya una realidad. Aun cuando habían pasado más de veinte años de conocerse, era como si por primera vez se unieran.

---

[32] Referencia en Glosario.

¿Quién sabe cuántas generaciones han pasado? ¿Quién sabe cuántas familias? ¿Cuántas madres o padres con el ADN de control y de un amor obsesionado? ¿Cuántas vidas y cuantos momentos de llanto y separación sin realmente conocer la causa raíz del problema?

A partir de ese momento, los amantes, él y ella, han vivido una vida en armonía y sus diferencias son sencillas de llevar. Ya no hay más fricción ni eventos que les impidan hacer de su casa un verdadero hogar.

Espero que esta historia sea de utilidad, tanto para ti (si lo estás pasando) como para otras familias que viven con el ADN de control, para que puedan liberarse de esas memorias celulares que persisten, incluso en sus hijos, y que seguirán en los hijos de sus hijos, si no son detectadas.

Lo que falta por arreglar

Cabe mencionar que, la fusión que la madre quiso hacer sobre su nieta, influyó mucho en el cambio de personalidad y formas de actuar de la niña, cuestión que le ha generado emociones encontradas o sin resolver.

La separación de la madre con su hijo ha sido solicitada, pero el ADN de control sigue en algunas memorias celulares de aquella nieta, que será mujer un día y que, con el tiempo, se podrá enfrentar a una situación similar.

Aquí te comparto un ejemplo de los cambios que se generaron en la niña.

Al no haber espacio para la real pareja de su papá, ella sentía que debía ocupar ese lugar, ya que el amor de la abuela obsesionada con el ADN de control, trataba a toda costa de regresar lo más cerca que podía de su hijo y, su nieta, era, justamente, lo más cercano a él.

La niña, en ocasiones, se encontraba en un estado de confusión, debido a que los pensamientos que le llegaban de su padre, no provenían de ella sino de su abuela. Pero en ella, eso no estaba claro y hacía suyas las vivencias de su pasado convertido en algo invisible.

Todos esos sentimientos, emociones y pensamientos le ocasionaron muchas dudas y conflictos de identidad y de su papel en esa familia. ¿Quién era ella? ¿La abuela, la madre o la hija? Esto, con el tiempo, fue siendo parte de su propia formación de adolescente a adulta.

Mi premisa aquí, es que, si eres parte de alguna familia que tiene el ADN de control y estás leyendo estas líneas, puedas encontrar una nueva perspectiva para ti y los tuyos con las herramientas que te propongo en este libro. Ojalá te sean de utilidad y puedas sobrepasar el ADN de control ancestral.

CAPÍTULO 11

MI METODOLOGÍA COMO HERRAMIENTA TRANSFORMADORA

Durante el proceso de escritura de este libro, he desarrollado una serie de pasos a seguir para el apoyo a tus propios procesos. En esta sección, encontrarás parte de lo que es mi metodología y algunos ejercicios que te podrán ayudar a comenzar este emocionante viaje a tu interior y a tu propio ser original.

Esto no significa que no hayas comenzado. Quizá ya andas avanzado y solo te falta una repasada para que todo te haga sentido. Quizá todo esto es nuevo y te ayuden algunas herramientas. Todo es válido, pues cada uno de nosotros estamos en nuestro propio y único camino, que es tan correcto como cualquier otro.

¡Arranquemos!

Meditación

Primero que nada, busca tu mejor espacio o manera de meditar. Existen miles de formas desde hace miles de años, yo he adaptado una propia que no se parece a nada de lo que, durante mi propio descubrimiento, realicé. Pero, la mayoría de las veces, es la que más me funciona.

La meditación y los mensajes del alma, como sección en este capítulo, son claros ejemplos de cómo he llegado hasta acá.

Explico un poco más.

Como ya he platicado en el transcurso de estos relatos, desde niña tuve ayudas externas que me brindaron técnicas para conectar con mi interior. Al paso de los años, algunas de estas se me hacían muy lentas comparadas con el nivel de acción que mi vida tenía, por lo que fui modificando la manera de meditar.

Si bien es cierto que ya no medito treinta minutos por la mañana y treinta por la noche, sí lo hago entre diez y cuarenta minutos antes de abrir los ojos al despertarme, que es cuando los niveles de consciencia se están bajando a lo que le llamaremos normales, durante nuestro diario vivir.

También medito en medio del día, cuando el estrés o algún problema que se asoma, me hace dudar. En ese caso, de inmediato trato de conectarme conmigo misma. Así es que logro hacer revisiones continuas y diarias del estado de mi energía y de mis pensamientos.

Estos ejercicios, aunque bien parecen muy pocos, me ayudan muchísimo a mantener mi estado anímico, mi positivismo en el día a día, mis pensamientos y mis proyectos en la manera en que deseo que estén.

Como todo ser humano, siempre tengo mis dudas y es ahí cuando busco la ayuda de amigas, la mayoría de las cuales, curiosamente, son terapeutas o coaches de algún tipo, por lo que nos apoyamos enormemente en nuestros propios procesos.

De vez en vez, convocamos a sesiones urgentes, cuando alguna de nosotras se siente fuera de lugar o algo no puede entender o encontrar la forma de resolver.

Cualquier tipo de técnica de meditación es buena, pero es importante que encuentres la tuya, la que realmente te conecte con tu ser interior, por lo que aquí pondré algunos tips que te ayudarán a encontrarla.

Espacio y tiempo

Primero busca un lugar, posición o momento de tu día en donde puedas realizar este ejercicio. Mi recomendación es que no debe ser mayor de treinta minutos, para que lo adoptes diariamente. Entre cinco y treinta minutos es ideal para que sea algo que uses siempre y muchas veces.

Ya que has encontrado tu lugar favorito, tu espacio donde te sientes muy bien, tu parque preferido, la esquina de tu casa donde estás mejor o donde sea que puedas sentarte, pararte o acostarte para tranquilamente cerrar los ojos, entonces podemos seguir adelante, hacia el siguiente paso.

Respiración

Algo que siempre debes adoptar como ejercicio diario, es la respiración. Al igual que la meditación, existen miles de técnicas, pero yo te recomiendo las siguientes para tus ejercicios.

1. Cuando encuentres el momento de tu conexión contigo, debes respirar, pero respirar conscientemente, respirar con tu esencia.

2. Es importante que a este ejercicio le pongas esa misma intención, porque mucha gente me dice que respira siempre. Obviamente, si no respirara se moriría, pero el hecho de que respiremos no significa que lo hagamos de manera consciente y con intención.

   Por lo que, al respirar, pongamos la intención de hacer consciente nuestro eje geográfico del cuerpo, lo que, por sí mismo, nos ayuda a centrarnos.

3. De aquí, debemos hacer respiraciones profundas, que nos ayuden a regresar a nuestro presente.

Espacio corazón

Un lugar que nos ayuda a conectar con nuestro interior es la zona del corazón, debido a que bajamos hacia ella con las intenciones del alma, donde nuestra esencia se conecta con las emociones y con la intuición.

Por lo tanto, al hacerlo así, abrimos una puerta a nuestro interior, el que es guiado desde que somos pequeños por las emociones y sensaciones que tenemos desde que nacemos con nuestros sentidos de supervivencia como humanos.

En tiempos anteriores, no contábamos con celulares ni con la tecnología que ahora nos ayuda a encontrar el lugar más escondido del mundo, por lo que, para poder movernos en la tierra, usábamos brújulas, el clima, el sol y nuestros sentidos e intuición.

Al paso de los años, con el progreso y la tecnología, contamos con herramientas que nos ayudan, pero no debemos olvidar, que dentro nuestro, llevamos una de las mejores brújulas del Universo entero, que nos llevará al único lugar que nos toca ir en el ámbito personal.

¿A qué me refiero con esto?

Hablo de la intuición o conexión con nuestra guía, con el corazón. Parecería muy obvio para muchos, pero no lo es para otros.

La conexión con el corazón se basa en encontrar esas "corazonadas" que nos dictan lo que nos gusta, nos dicen qué lugar se siente bien y cuál se siente no tan bien; nos dan información y, si aprendemos a escucharla, esta comienza a ser cada vez más clara, lo que nos lleva a que, cuando tomamos decisiones, serán más y más certeras.

Son corazonadas que nos ayudarán a establecer límites con los demás y a formar seres más íntegros en el mundo, haciendo lo que pensamos, hacemos y sentimos.

En estos tiempos, hay muchas formas de encontrar esa intuición, pero una que no falla nunca, es la de respirar, cerrar los ojos y ubicar mentalmente nuestra atención en el corazón, escuchando sus latidos y nuestra respiración.

Cuando nuestras emociones están alteradas o muy activas, podemos buscar un lugar que nos ayude a encontrar este espacio, puede ser música con tambores o con latidos del corazón o sonidos de la tierra.

La tierra siempre está en movimiento y, si nos vinculamos con ella, podremos conectar con nuestro corazón e intuición. Por eso se dice que salir a la naturaleza, nos centra y nos conecta, pues un propósito de la tierra es sostenernos y mantenernos como parte de ella. Así, si escuchamos sus sonidos, podremos ir más fácil hacia nuestro interior, para encontrar esa información tan útil.

Cuando hablo de información de la intuición, me refiero a esos momentos tan simples en los cuales me hago preguntas como:

- ¿Qué quiero comer?

- ¿Qué necesita mi cuerpo?

- ¿Qué color me atrae más?

- ¿Me quiero quedar o me quiero ir?

- ¿Qué carrera voy a elegir?

- ¿Qué pareja voy a escoger?

Cualquier tipo de cuestionamiento donde la vida nos oriente a hacer alguna elección, es donde podremos utilizar esta preciosa joya interior que es nuestro espacio corazón.

Nuestra propia brújula nos lleva a aquellas personas que elegimos para vivir nuestras experiencias, nos guía para estar donde estamos dispuestos a vivirlas, nos ubica en el aquí y en el ahora, que es donde podemos accionar nuestra vida.

Entre más y más regresemos conscientemente a nuestro espacio corazón, más podremos vivir en el presente y nuestras elecciones serán más certeras o irán más alineadas a nuestro propósito en la tierra.

Comunicación

"Comunicación es amor, amor es comunicación", decía el Padre Chinchanchoma.

Si ejercemos el poder de nuestra voz, podremos establecer límites amorosos con los demás.

Hay ocasiones en las que los que nos rodean, incluyéndonos a nosotros mismos, no ejercen la comunicación consciente. Al no ejercer el poder del habla efectiva, se producen situaciones incómodas donde se activan emociones o inconformidades, molestia o enojo. Eso se da cuando sentimos que otros pasan por encima de nosotros.

Es importante que comuniquemos a los demás, que estamos por meditar o por tener un momento personal donde no queremos ser interrumpidos. Incluso los niños pequeños entienden si se les habla con calma y a su nivel, que sus padres estarán ahí, pero que necesitan tiempo para ellos. Eso, aparte de ayudarle al niño a comprender que está bien estar consigo mismo, hace que podamos instituir la técnica como un sistema de autoconsciencia familiar.

Al avisar a tus seres más cercanos, que estarás en un momento meditativo y que requerirás espacio y tiempo para ti, haciéndoles saber que no será muy largo, la armonía en tu hogar podrá ser parte del diario vivir, donde cada uno reconozca los espacios y tiempos en los que todos pueden convivir y aquellos donde algún miembro de la familia necesite para sí.

También es posible que te unas con otras personas o familiares a realizar espacios de meditación, lo que puede ayudarte a mantener tus momentos de introspección constantes y apoyar a otros en sus procesos.

Mi contribución al mundo *la metodología delta*

En este espacio, hablaré de cómo y a quienes he ayudado durante el caminar de mis propias experiencias y, también, sobre la metodología que he adquirido y adaptado al paso del tiempo con las nuevas técnicas y ejercicios que sigo aprendiendo, por lo que continuaré, como todo lo que existe, transformando y modificando.

Desde que inicié mi camino como mentora, han llegado a mí principalmente mujeres, aunque también algunos hombres, de habla hispana residentes en Latinoamérica, en Estados Unidos y en el resto del mundo, para entender sus porqués están aquí y cómo seguir ese camino o, simplemente, comprender lo que les limita para vivir más plenamente a través de métodos específicos, como lectura de su Akasha, siendo que la realice yo misma o que aprendan a leer sus propios registros; con técnicas de limpieza de sus cuerpos energéticos, espirituales y físicos; ejercicios específicos de respiración, visualización, meditaciones y afirmaciones diarias o personalizadas.

Además, si lo eligen, estudian cómo realizar lecturas del akasha para otras personas, casas, localidades y animales.

Algunas de ellas, se me acercan porque, al encontrarse conmigo, se inspiran, se motivan y se cuestionan hasta dónde podrían llegar buscando sus propias capacidades y habilidades.

¿Cuáles son los pasos que utilizo y cómo le he llamado?

La metodología delta

Le he llamado Metodología DELTA, porque esas letras contienen los elementos que siempre utilizo en mis sesiones o llamadas.

Significado de la sigla DELTA:

- (D) **Descubrimiento**, donde buscamos descubrir qué es lo que necesitamos trabajar en esos momentos.

- (E) **Ejercicios**: que serán de apoyo para mover emociones, energías o consciencia de la persona o personas.

- (L) **Lectura** o Sesión: que contiene la esencia de mi aporte a ese individuo o grupo.

- (T) **Transformación**: que se realiza desde el primer contacto conmigo.

- (A) **Akasha**: que es el espacio donde trabajamos cualquier intención que hagamos en la sesión o sesiones.

¿Cómo funciona la metodología?

Primera etapa: (D) Descubrimiento

Es en esta primera etapa, donde comienzan nuestros encuentros. La llamo de Descubrimiento, porque es donde se establece lo que se requiere trabajar.

Esta etapa consta de 3 pasos:

1. Averiguar cómo, dónde, cuándo y cuánto.

2. Dependiendo de lo que se pida, en el sentido de si es solo una o si es una serie de sesiones o si son clases.

3. Armar un plan de trabajo.

Una vez establecidos los parámetros, comenzamos.

Durante las sesiones, siempre exploramos los eventos del día a día que pueden ser parte de estas o incluso el camino que se abra para que la persona, finalmente, pueda sentir que su vida comienza a moverse en la dirección que desea.

Segunda etapa: (E) Ejercicios

Una vez que ya se ha establecido lo que se trabajará y los detalles específicos de las sesiones, comenzamos con una serie de ejercicios que ayudan al proceso de descubrimiento y apertura de consciencia en el proceso en el que se encuentra la persona.

Entre los más comunes que haremos juntos, están los siguientes ejercicios:

1. Profundas respiraciones conectando con nuestro auténtico ser.

2. Aterrizando a la tierra y conectando con el Universo en un tubo de conexión.

3. De fortalecimiento de tu centro, límites energéticos y espirituales (Experimentando tu centro y primera chispa divina).

4. De conexión con tu corazón, buscando reconectar con tu intuición y con el camino del corazón.

En esta sección, te pondré algunos ejercicios que puedes realizar en tu propio tiempo y espacio. Son muy simples, pero podrán serte de gran ayuda, dependiendo de qué es lo que en ese momento requiera tu ser.

Ejercicios que dejo para ti:

a) Escaneo de tu cuerpo.

b) Liberando energías, pensamientos o eventos que no te pertenecen.

c) Del espejo.

d) Liberación de creencias limitadoras.

e) De las 4 A's.

Veamos cada ejercicio y los pasos a seguir:

a) El escaneo de tu cuerpo

- **Paso 1**: Respira profundamente tres veces.

- **Paso 2**: Mantén la atención en tu respiración.

- **Paso 3**: Mantén tus respiraciones constantes, inhalando y exhalando sin forzarlas.

- **Paso 4**: Hazte presente con tu cuerpo y comienza a sentir cada parte de él conscientemente. Piensa en una parte específica, respirando y concentrando la atención en ella.

- **Paso 5**: Siente qué pasa en esa parte de tu cuerpo. ¿La tienes tensa? ¿Te duele? ¿Solo está ahí?

Cuando comenzamos a relajarnos, podemos estar presentes con nuestro cuerpo e identificar qué pasa en él.

- **Paso 6**: Si detectas algún dolor, concentra tu atención en esa parte de tu cuerpo que te duele. Mantén la respiración constante y consciente, inhalando y exhalando.

Al atender a nuestros dolores, podremos detectar qué es lo que necesita nuestro cuerpo.

- **Paso 7**: Si no logras sentir exactamente qué parte duele o necesita de especial atención, respira profundo y pregunta a tu cuerpo:

> *Háblame, dime lo que necesitas.*

Luego, dale unos momentos y estate atento a la respuesta. Quizá sientas la contestación.

Ejemplo: Tal vez al preguntarle nos dirá: necesito descansar, tengo sed, quiero avanzar en algo pero no puedo, me siento triste, quiero moverme, etc.

- **Paso 8**: Escucha y haz caso a los llamados de tu cuerpo.

Nuestro cuerpo nos indica cómo nos sentimos en nuestro diario vivir y si le ponemos atención, nos daremos cuenta del próximo paso que requerimos hacer, por ejemplo:

Al hacer el ejercicio nos duele nuestra cadera o la espalda, estas partes de nuestra columna, son el sostén de nuestro cuerpo físico, y resulta que detectamos una creencia de que no estamos siendo apoyados o de que nos falta el soporte de alguien.

Quizá tenemos la creencia de que alguien debe apoyarnos en la vida, ya sea nuestra pareja o nuestros padres y por alguna razón, no tenemos ese apoyo, por lo que vamos por la vida con dolores muy fuertes en esas zonas, hasta que nos damos cuenta de que podemos hacernos responsables de nosotros mismos, porque realmente no necesitamos el soporte de nadie, sino el nuestro.

En ese momento, casualmente, la parte que nos soporta dice:

> *Mira, ¡yo puedo solo!*

Así, se comienza a sanar y resulta que nos da por ir al quiropráctico, quien nos ayuda a alinear nuestra columna o nos inscribimos a clases de Yoga, con las que comenzamos a sentirnos mejor.

Todo esto tiene movimiento. Por eso, cuando escuchamos a nuestro cuerpo, podemos detectar qué movimientos podemos hacer para entender lo que inconscientemente está pasando dentro de él.

Recuerda:

Respira, relájate, pon atención a tu cuerpo, pregúntale, escúchalo, sigue presente con tu cuerpo hasta que puedas entender qué le pasa.

Si aun con eso no logras identificar tus emociones atoradas o tus dolores o tus incomodidades, búscame. Podremos hacer algo para identificar dónde indagar.

b) Ejercicio para liberar energías, pensamientos o situaciones atoradas

Hay ocasiones en las que no nos sentimos bien, no detectamos realmente qué nos pasa.

Cuando hacemos pausas en nuestras vidas respirando, damos un descanso a nuestra mente, al tiempo que dejamos que el resto de nuestro cuerpo hable.

Si nos sentimos agotados, cansados sin razón o simplemente tenemos la sensación de estar atascados, podemos hacer este ejercicio para liberar energías que ya no necesitamos, pensamientos, creencias o energías pesadas, cargas que no son nuestras, cansancio que no sabemos de dónde viene.

- **Paso 1:** Ten consciencia de cómo se encuentra tu cuerpo.

- **Paso 2:** Pon los pies en la tierra. Si requieres acostarte, procura hacerlo en un lugar donde no duermas o existan otras personas. Dale prioridad a tu espacio. Pide a tus familiares tiempo y espacio para ti.

- **Paso 3:** Respira y relájate.

- **Paso 4:** Una vez relajado y respirando profundo, imagina un tubo de luz iluminando todo tu cuerpo.

  Te encuentras dentro de este tubo de luz que proviene del centro del Universo, llega hasta el centro de la tierra y pasa por el centro geométrico de tu cuerpo físico, justo debajo de tu ombligo, que es el lugar donde estamos alineados con nuestro eje y con el universo entero.

- **Paso 5:** Mantén tu respiración consciente y presente con tu cuerpo.

- **Paso 6:** Ten papel y lápiz a tu lado.

   Si sabes qué pensamiento quieres liberar, procura apuntarlo para que puedas volver a leerlo.

- **Paso 7:** Si no sabes qué es exactamente lo que deseas liberar, puedes hacer el ejercicio del escaneo de tu cuerpo y, si algo te llega a la consciencia, toma nota de eso inmediatamente.

- **Paso 8:** Realiza una solicitud de que se libere y si no es tuyo, que lo regrese a donde pertenece.

Ejemplo de la Frase que puedes utilizar:

> *Solicito que se liberen,*
> *que se vayan adonde pertenecen*
> *las cosas creadas por mí*
> *o para mí o por otros,*
> *que me han afectado e influenciado.*
> *En su lugar,*
> *tráeme consciencia, balance*
> *y claridad de pensamiento.*
> *Todo alineado con mi más grande bien.*

Por ejemplo:

Mi intención es liberar los pensamientos negativos. ¿Con quién hablo y a quien le solicito liberarlos?

No le estoy pidiendo a nadie o a nada externo, que me ayude a limpiar mis energías, le estoy pidiendo a una parte de mi propia consciencia que lo haga. Le hablo al Yo sabio, al Yo inconsciente, al Yo interior y al Yo superior, para que libere lo que ya no necesito, que regrese lo que no me pertenece de donde vino.

¿A qué me refiero cuando hablo de que regrese lo que no me pertenece?

Hay mucha energía a nuestro alrededor, pensamientos que captamos del medio ambiente, que absorbemos sin darnos cuenta. Y, al solicitar se regrese de donde vino, solo cumplimos una orden universal de retornar lo adquirido de una manera equilibrada para el universo.

Cuando hacemos una solicitud de mover energía, partimos de la idea de que nada se crea ni se destruye, solo se transforma. Al modificar o mover energía, queda el espacio donde esta se encontraba, por lo que es importante siempre poner una intención de suplementar esa energía.

Qué mejor que nosotros estemos conscientes de que, en este punto, tenemos la posibilidad de crear algo más, porque cuando liberamos energía, dejamos espacio para cocrear.

Ejemplos.

Liberamos pesadez para, en su lugar, tener ligereza.

Liberamos energías de roces en una relación, para cocrear más comunicación, mejorándola.

c) Ejercicio del espejo

Por lo general, estamos programados a enfocarnos en nuestras imperfecciones o en lo incorrecto de nosotros. Este ejercicio es para que te enfoques en lo bello y lo correcto de ti.

¿Qué tomaría para que veas lo bello en ti?

Donde pones tu atención, es la realidad que creas. Entonces, empieza a poner la atención en lo bello de ti. ¿Qué más belleza puedes ver en ti?

Poner atención en lo que amas de tu ser, en tu esencia y decir:

> *Esencia te amo.*
> *Muéstrame en mi espejo, lo mejor de mí.*
> *¿Cuál es la energía que elijo ser hoy?*
> *¿Qué requiere mi cuerpo*
> *para estar más bella o bello?*

Si tu cuerpo requiere algo para estar más sano, más feliz, más bello, sigue tus corazonadas. Quizás es tiempo para tomar descansos o beber agua o de ponerte una crema que lo hidrate y suavice. En fin, algo que te apapache y te haga sentir atendido por ti, tomándote tiempo para ti. Recuerda que tu cuerpo físico es el que te lleva a todos lados en esta tierra.

Siente que tienes la aprobación, atención y cuidados de tu propio ser, lo que te hará estar completo o completa, contento por ser ese amor, ese cuidado, esa belleza que te contiene.

d) Liberación de creencias limitantes

Tu sistema de creencias forma tu realidad.

Lo que te rodea, es lo que crees que eres y es lo que crees que debe ser tu mundo.

Esto puede estar basado en lo que te dijeron tus padres o lo que creíste que debía de ser, en la religión que te impusieron, las creencias de donde naciste o donde viviste.

De ahí se forma tu realidad.

En la mayoría de las ocasiones, nos damos cuenta de que algo de lo que creemos no es como lo creímos. A veces, nos abrimos a la posibilidad de cambiarlo y, es ahí, cuando modificamos nuestra vida y la realidad que nos rodea, porque aceptamos la oportunidad de algo nuevo.

- **Paso 1:** Hazte consciente de que tú eres lo que generas en tu realidad.

- **Paso 2:** Una vez que aceptas tu situación, es necesario amar y agradecer la realidad que tienes en este momento.

  Cuando ya amas tu realidad, puedes cambiar tus creaciones, transformando tus creencias.

- **Paso 3:** Crea tus propias afirmaciones.

- **Paso 4:** Revisa tu sistema de creencias y reajústalo a lo que sí quieres ser.

- **Paso 5:** Asegúrate de que esas creencias te lleven por el camino del cambio que deseas.

Nuestros propios pensamientos nos pueden limitar para obtener lo que realmente queremos.

Por eso, para remover aquellos que constantemente repetimos sin darnos cuenta, es importante hacer diariamente, o por lo menos lo más constante que podamos, las repeticiones de lo que sí queremos y afirmamos, por ejemplo:

> *Solicito a mi Yo Interior Sabio y a mi Yo Superior, con*
> *asistencia de la Madre Tierra,*
> *que cualquier pensamiento*
> *que no esté alineado con mi más grande bien,*
> *se libere a donde pertenezca.*
> *Regreso adonde vino,*
> *con consciencia adherida a quien le corresponda,*
> *aquello que no me pertenezca,*
> *solicitando se transmute en algo*
> *que sí deseo como...*

Lo que sí deseo, puede ser:

Una visión más clara, una acción más acertada, más dinero, mejores relaciones, mejores herramientas de comunicación, más momentos familiares, etc.

Si estamos dispuestos a esas posibilidades, una vez que se nos presenten, es importante reconocer que fue una creación nuestra consciente o inconsciente y, si eso era lo que queríamos, disfrutar de ella, pero si no era exactamente lo que pedimos, es porque algo en el camino se desvió y necesitamos reajustar nuestros pensamientos, creencias y afirmaciones.

Por ejemplo:

Resulta que hay disponible para nosotros una casa millonaria, pero si nuestros pensamientos y creencias son que lo que podemos obtener es una pequeña o que se ajuste a nuestros ahorros en ese momento, lo que buscamos es algo muy por debajo de lo que está disponible para nosotros.

Así, con mucho trabajo, finalmente obtenemos la casa chiquita. Pero, si cuando la pedimos queríamos una grande y millonaria, eso es lo que estaba a la vuelta de nuestras limitaciones, justo en el escritorio de al lado donde firmamos por la casa chiquita.

El detalle es que al limitarnos por lo que creemos que podemos tener, no nos abrimos a lo que está disponible.

Por eso, para lograr hacer el cambio, es necesario tener diariamente presente nuestros pensamientos, nuestra apertura a lo que pedimos y creamos.

Podemos decir:

> *Me abro a las nuevas oportunidades*
> *y posibilidades que están disponibles*
> *para mí y libero los pensamientos limitativos,*
> *solicitando claridad para saber cuál es el siguiente paso*
> *que debo dar.*

227

En resumen, si quieres cambiar tu presente, analiza tus creencias de qué es vivir y cómo crees que se debe vivir, mantente abierto a las oportunidades que están disponibles para ti y una vez manifestado, agradece y disfruta de tus creaciones.

e) Ejercicio de las 4 A's

¿Recuerdas este ejercicio? Reduce la resistencia que te permitirá ver con claridad el paso siguiente a dar.

- Ámalo

- Acéptalo

- Aprende a limpiar tus energías periódicamente.

- Aprende a fortalecer tus límites energéticos diariamente.

Tercera etapa: (L) Lecturas

Consiste en sesiones que se hacen a través de nuestros encuentros, presenciales o a distancia, únicos para cada persona, dependiendo de las primeras dos etapas, donde se han definido los detalles de cómo serán y el objetivo que se busca alcanzar.

Dentro de las lecturas, tengo las siguientes modalidades:

- Inicio con preguntas abiertas, respiraciones y rápida meditación para continuar con lectura de bloqueos, liberándolos o encontrando qué lecciones existen.

- Inicio con respiraciones, ejercicio de fortalecimiento de centro y meditación guiada, dependiendo de las necesidades del consultante.

- Lectura de Tarot y combinación de cartas de ángeles, colores y cristales para apoyo al proceso.

Durante las primeras dos o tres etapas, sale a la luz algo a lo que le llamo "Reconocimiento de mis limitaciones y bloqueos".

Dentro de este proceso, logramos que la persona tenga más claridad acerca de qué tipo de bloqueos ha tenido o cuáles son los que la llevan una y otra vez, a la repetición de situaciones o aprendizajes que no ha entendido o superado.

Es importante que tenga conciencia de ellos, que los comprenda y del porqué de que se repitan, para finalmente buscar su liberación, que es donde aprende o se reinventa, para pasar a otro nivel de entendimiento de sí misma.

Aquí te dejo un listado de algunas de las cosas que nos pueden limitar o generar eventos que nos impiden lograr nuestro autoconocimiento, movimiento, procesos evolutivos o saltos de autoconsciencia. Sin embargo, debes tener presente que estas no son las únicas que podemos listar. Existen muchas formas de imponerse barreras para entorpecer nuestros avances, por lo tanto, estos son solo algunos ejemplos:

A. Barreras autogeneradas que dan la sensación de protección.

B. Fuertes creencias limitadoras o puntos de vista.

C. Eventos traumatizantes del pasado.

D. Pensamientos y programas mentales que nos repiten o nos repetimos.

E. Maldiciones, malas intenciones, malos deseos para otros, quejas.

F. Falta de conciencia de límites.

G. Solicitudes sin dirección.

H. Falta de dirección consciente de nuestro camino o propósito.

I. Energías discordantes, entes o entidades acechantes.

J. Portales abiertos.

K. Cadenas de memorias ancestrales.

Cuarta etapa: (T) Transformación.

Una vez que se han identificado los bloqueos o el origen de la búsqueda, se trabaja en la liberación, en la autoconsciencia del origen de lo que nos ha limitado en nuestros avances para, una vez identificados y clarificados, realizar la modificación, liberación o eliminación de dichos obstáculos, pasando a la etapa más importante del proceso:

LA TRANSFORMACIÓN consciente de nosotros mismos en nuestros Yos más auténticos.

¿Por qué le llamo Yo Auténtico?

Porque al remover todo aquello que al paso del tiempo nos ha influenciado desde el exterior, que pudiera parecer que nos ha cambiado, realmente lo único que ha sucedido, es que hemos dejado de ser poco a poco, lo que originalmente vinimos a ser.

Todas las influencias externas, sociales y estructuras que como ser humano comenzamos a adoptar como nuestras, nos van modificando a algo que no somos.

Entonces, al remover todo aquello que no era originario de nuestra esencia, comenzamos a ser más nosotros mismos, nos sentimos más auténticos, más completos, más felices, porque todo aquello que ahora se queda en nuestra esencia es realmente nuestro.

Al ser y ejercer nuestra esencia en este mundo, estamos constantemente en el presente y tenemos una vida más fluida con todo lo que nos rodea.

Quinta etapa: (A) Akasha

Ya hemos hablado del akasha. Realmente hay muchas definiciones y puntos de vista acerca de qué es.

Una de las más comunes, señala que El akasha o ākāśa es un término sánscrito que significa 'éter', 'espacio' o 'cielo. El *akash* es una energía unificadora que se encuentra de modo inherente en cada criatura viviente del planeta, así como en los otros cuatro elementos (tierra, agua, aire y fuego) que componen el mundo natural.

Hay quienes han clasificado dentro del akasha lo que se reconoce como Registros Akáshicos, que son una dimensión de la conciencia que alberga la impronta del viaje del Alma, a través del espacio—tiempo, tanto material como inmaterial.

Es también conocido como el "Libro de la Vida" y permite acceder al conocimiento presente, pasado y futuro de todas las cosas, por lo que está integrado en todo el proceso de mi metodología, ya que es el espacio en donde trabajo y desde donde ayudo a otros a encontrar un camino más claro de los porqués y los cómos que durante sus procesos surgen como preguntas.

En realidad, si durante mis sesiones llegamos al entendimiento de todo el proceso que realizamos y de cuáles son los puntos claves que se tienen que trabajar o que se liberaron dentro del akasha, podemos decir que lo hemos concluido con éxito y, lo más seguro, es que la persona encuentre miles de nuevas oportunidades que quedan disponibles para ella.

¿Por qué mi metodología delta puede ayudarte?

Mi Metodología DELTA puede ayudarte porque:

A. Utilizándola, tendrás más claridad en tu vida.

B. Entenderás que no hay nada erróneo en ti y que es posible ser uno mismo.

C. Conocerás las causas del porqué no puedes avanzar, a veces, en algún proyecto o en tu vida.

D. Entenderás los pasos que debes realizar para avanzar o qué técnicas utilizar cuando sientas que regresas al mismo punto.

E. Tendrás más confianza en ti y en cada paso que des.

F. Obtendrás un mapa más completo de tu recorrido en esta vida o entenderás a tus antepasados o a algún evento que te marca en el presente. Además, podrás romper con ligas del pasado.

G. Aprenderás herramientas que te ayudarán, en tu día a día, a relajarte y centrarte más.

H. Tendrás mejores relaciones al robustecer tus límites con los demás, a través del fortalecimiento de tus propios límites energéticos.

Una vez que ya has conocido mi Metodología DELTA, tendrás acceso, si es que así lo deseas, de pertenecer a nuestra comunidad DELTA, que consiste en la búsqueda de la consciencia de tu Yo Interior.

Además, podrás acceder a cursos que se realizan semanalmente, a algunos eventos gratuitos y a tres básicos, que son:

1. Aprendiendo a leer tu Akasha.

2. El Arte de Transformarte.

3. Taller para Fortalecer tus Límites y Poder interior, reencontrando a tu Yo Auténtico.

Generalmente, también hay sesiones de meditaciones guiadas, ejercicios de práctica y metodología escrita para ayudar al aprendizaje y a la práctica de la técnica e introducción a nuestro grupo de retroalimentación y seguimiento.

Será un placer que formes parte de nuestra Comunidad.

¡Te esperamos!

SOBRE LA AUTORA

Mónica Marcela Delgado Rodríguez, conocida como Mónica Delgado, nacida en México y repatriada a Estados Unidos, es Licenciada en Derecho, con Maestría en Administración de Empresas, especialidad en Finanzas, Contabilidad y Recursos Humanos, Licenciada en Impuestos, en Seguros de Salud y de Vida.

También, Mentora, Coach de Vida y Espíritu, Certificada en Lectura de Registros Akáshicos, facilitadora de Constelaciones Familiares y Meditaciones Guiadas para conectar con tu Akasha.

Madre de familia, maestra universitaria, consultora empresarial y paralegal.

Es la creadora de su página en Facebook llamada Registros Akáshicos "Sana y Brilla", donde realizó varias lecturas grupales con más de cinco mil participantes de varios países de Latinoamérica, creando un nuevo proyecto del despertar de la consciencia.

Encuentra a Mónica aquí:

https://monicamarcela.com/
Email: mmcoachingadvisor@gmail.com
Phone: (800) 424-8185
Página de Registros Akáshicos "Sana y Brilla":
https://www.facebook.com/LibrosDelAkasa

GLOSARIO

- **ADHD:** Déficit de atención y de hiperactividad.

- **Alergia:** Es una reacción del cuerpo físico, espiritual y emocional que provoca hipersensibilidad del cuerpo físico a alguna sustancia que se ingiere, se inhala o se toca, produciéndole reacciones incómodas, como comezón, ojos llorosos, nariz húmeda, estornudos, inflamación o dolor de cabeza. Pueden suceder todas estas reacciones o solo alguna de ellas.

- **Ángeles:** Seres espirituales y Mensajeros de Dios, conocidos como Guardianes.

- **Akasha:** término sánscrito que significa 'éter', 'espacio' o 'cielo. El *akash* es una energía unificadora que se encuentra de modo inherente en cada criatura viviente del planeta.

- **Atrofiar:** Dejar de funcionar, descomponerse.

- **Autismo:** Nombre que se le ha dado a una serie de características que se presentan en algunos niños, llamada, en ocasiones, Déficit de Desarrollo, donde a los pequeños se los considera "incapaces" de adaptarse a la sociedad actual.

- **Autoestima**: Es una evaluación de nosotros mismos, basada en nuestras percepciones, pensamientos, sentimientos o emociones.

- **Biodescodificación o descodificación biológica**: Es un abordaje terapéutico complementario que entiende que, la aparición de determinados síntomas o enfermedades, se relaciona con la vivencia de experiencias traumáticas, considerando que existe una relación entre los síntomas físicos que se manifiestan y las emociones que ocasionaron el conflicto biológico o bioshock.

- **Breathwork**: Ejercicios de respiraciones.

- **Celíaca**: Condición conocida como Enfermedad Autoinmune, se identifica con una inflamación en el intestino delgado, causada por el consumo de ciertos alimentos de entre los detectados, la harina procesada o gluten.

- **Chakras**: Son vórtices energéticos de nuestro cuerpo a través de los cuales fluye nuestra energía vital. Cada uno de los siete chakras está relacionado con un aspecto de nuestro ser. Estos influyen tanto en el plano físico, como en el mental y en el emocional. Por eso, es importante que estén en perfecto equilibrio.

- **Chaman**: Persona que en algunas culturas hace predicciones, invoca a los espíritus y ejerce prácticas curativas, utilizando poderes ocultos y productos naturales. También suele aconsejar y orientar a las personas que acuden a consultarle.

- **Chingada**: Exclamación que se usa, en México, para dar intensidad a un enunciado o para adjetivar con carácter violento una expresión.

- **Confederación Galáctica**: Grupo de Seres con Propósito de Ayudar a otros que existen en los diferentes planetas del Universo.

- **Constelaciones Familiares:** Proceso terapéutico que se realiza en grupo y que trabaja sobre la parte más profunda de nuestra conciencia.

- **COVID o Coronavirus:** Enfermedad respiratoria muy contagiosa causada por el virus SARS—CoV—2.

- **Cuerpos Sutiles:** Conocidos como el cuerpo físico, emocional o astral, mental, etéreo, causal o espiritual. Se les puede nombrar diferente, lo importante es ser consciente de que podemos contar con hasta trece cuerpos sutiles, según nuestro nivel evolutivo.

- **Cúmulo:** Conjunto de cosas o situaciones sin orden.

- **Déficit de Atención:** Se le ha definido como a la ausencia o disminución de atención. Según algunos estudiosos, la atención se define como un filtro de los estímulos ambientales, por lo que sería una disminución de estos. Yo diría, que "Déficit", es un concepto muy subjetivo para calificar a quienes lo padecen, por lo que le pondría: "Cambio en la Atención y Sentidos" y lo definiría como un aumento y sensibilidad de los estímulos ambientales, en donde cada individuo elige cómo expresar ese o esos eventos en su experiencia de vida.

- **Densidad:** En física y química, es la cantidad de masa contenida en un determinado volumen de una sustancia, la geometría y acidez de las partículas. Es decir, entre más sólido más denso, menos sólido menos denso. Entonces, se dice que, en cada dimensión, existen siete niveles de densidad, o sea, que son como capas de materia, siendo cada una menos o más densa que la otra.

  Esto denota una frecuencia vibratoria y no un lugar, que implica el término "dimensión". La estructura de la densidad de esta realidad se expresa sobre todo en siete niveles, aunque cada uno tiene subniveles dentro de ella.

La escala de densidad es un modelo utilizado para comunicar la percepción de la orientación en relación con otras realidades.

- **Desconexión**: Es la acción de apartarse de algo ya formado o conectado. Desprendimiento.

- **Desencarnados**: Son los espíritus sin cuerpo físico, pero con alma u otros cuerpos sutiles.

- **Despertar**: Es el esclarecimiento, entendimiento, consciencia.

- **Diagnóstico**: Término utilizado para "conocer" algo "a través del conocimiento" y para establecer explicaciones a algo no conocido o que no entendemos.

- **Dimensión**: Se refiere a su localización en el espacio/tiempo en lugar de la frecuencia de vibración de una persona (densidad).

  Webster define el término "dimensión" como "La magnitud medida en una dirección determinada, específicamente largo, ancho, espesor y tiempo".

  Hay un número infinito de dimensiones existentes con una determinada densidad o frecuencia vibratoria.

- **Dimensiones**: La dimensión de un espacio u objeto que se define informalmente como el número mínimo de coordenadas necesarias para especificar cualquier punto de ella. Es decir, un punto tiene una dimensión, una línea tiene dos, una figura tiene tres, etc.

  En un concepto más abstracto, es el número de grados de libertad para realizar un movimiento en el espacio. Es decir, entre más dimensiones, más nos podemos mover en el espacio o con más lados.

Se dice que existen doce dimensiones (veintidós o infinito número de ellas) pero hasta donde da nuestro entendimiento, en cada una hay siete densidades.

En términos energéticos, cada dimensión vibra diferente y todas se interponen, por lo que todos y cada ser en este universo, están en las doce dimensiones al mismo tiempo, solo que, dependiendo de cómo vibren, es la dimensión que perciben. Por eso se nos dice que somos seres multidimensionales.

- **Encarnación:** Espíritu con un Cuerpo Físico.

- **Energías Sutiles:** Son las que llegan a nuestros cuerpos sutiles en otros niveles de consciencia.

- **Enfermedades Autoinmunes:** Cuando el Sistema Inmunitario se convierte en agresor a sus propias células en vez de protegerlo, causando una condición física, espiritual, emocional y mental incómoda.

Existen varias enfermedades autoinmunes, entre las que se nombran: Anemia perniciosa, Atrofia gástrica, Celiaquía, Cirrosis biliar, Colitis, Diabetes Mellitus, Crohn, Graves, Hepatitis autoinmune, Miastenia Lambert—Eaton, Miastenia gravis, Neuropatías, Oftalmía simpática, Tiroiditis Hashimoto, Síndrome de Goodpasture, de Miller—Fisher, Uveítis, Artritis Reumatoide, Dermatitis, Enfermedades de Behcet, Esclerodermia, Esclerosis lateral y múltiple, Fibromialgia, Fiebre reumática, Granulomatosis de Wegener, Lupus eritematoso sistémico, Síndrome de Fatiga Crónica, entre otras.

- **Enfermedades de la nueva era:** Condiciones o cambios físicos que han sido denominados con diferentes nombres, como enfermedades autoinmunes, fibromialgia, celíaca o tiroiditis, además de aquellas condiciones físicas o psicológicas aún no etiquetadas.

- **Espeluznante:** Aterrador, situaciones que causan temor o miedo.

- **Fantasma:** Ser desencarnado o sin un cuerpo físico.

- **Frecuencia:** La materia es energía vibratoria. Diferentes tasas vibratorias denotan las propiedades. Es la velocidad a la cual vibran las moléculas o la consciencia.

- **Maestros Ascendidos:** Son los seres iluminados a lo largo de miles de años sobre la tierra, tales como Jesucristo y Buda.

- **Meditación:** Técnica para vivir y respirar en el presente.

- **Nadis:** Usados en la acupuntura, son los meridianos o trayectorias energéticas. Han sido localizados unos setenta y dos mil nadis, siendo los más destacados los que están ubicados en la columna vertebral.

- **Parteaguas:** Son eventos que, a manera de hitos, marcan o señalan fronteras o líneas imaginarias que separan dos períodos, dos épocas, dos momentos.

- **Prana:** En el marco del hinduismo, el prana o prāṇa es una palabra en sánscrito que significa 'aliento' o 'aire inspirado', y que representa la fuerza o energía vital; la cual impregna la realidad en todos los niveles, incluidos los objetos inanimados.

- **Prisma de Lira:** Es un cuerpo transparente con una base triangular utilizada para polarizar o descomponer luz o energía en su espectro.

- **Registros Akáshicos:** (Sánscrito ākāśa) Espacio, atmósfera, cielo, el quinto elemento, éter, Prana, el espacio que contiene toda la materia y movimiento. Son un compendio de memorias de todos los eventos, acciones, pensamientos, palabras y emociones que han pasado desde el principio de los tiempos en la Tierra.

- **Sabotaje**: Autoaniquilación, autotraición, autodestrucción, daño o impedimento de alguna acción o bloqueo.

- **Transmutador**: Algo o alguien que sirve para modificar energías.

- **Yoga**: Sistema filosófico originario de la India, basado en la búsqueda interior.

- **Yogui**: Quien estudia y ejerce la Filosofía de la Yoga.

Made in the USA
Columbia, SC
18 June 2023